谨以此书纪念贺衡夫先生诞辰130周年
暨逝世50周年！

2018年清明节

贺衡夫

近代武汉爱国实业家

王申 马自勤 著

沈阳出版发行集团
沈阳出版社

图书在版编目（CIP）数据

近代武汉爱国实业家贺衡夫 / 王申，马自勤著.
-- 沈阳：沈阳出版社，2018.11（2023.10 重印）
ISBN 978-7-5441-9808-0

Ⅰ.①近… Ⅱ.①王… ②马… Ⅲ.①贺衡夫
（1888-1968）—传记 Ⅳ.①K825.38

中国版本图书馆CIP数据核字（2018）第 244370 号

出版发行：沈阳出版发行集团 | 沈阳出版社
（地址：沈阳市沈河区南翰林路 10 号 邮编：110011）
网 址：http://www.sycbs.com
印 刷：永清县晔盛亚胶印有限公司
幅面尺寸：170mm × 230mm
印 张：14
字 数：150 千字
出版时间：2019 年 1 月第 1 版
印刷时间：2024 年 1 月第 2 次印刷
责任编辑：代雪华
封面设计：刘冰宇
责任校对：肖大勇
责任监印：杨 旭
书 号：ISBN 978-7-5441-9808-0
定 价：49.00 元

联系电话：024-24112447
E - mail：sy24112447@163.com
本书若有印装质量问题，影响阅读，请与出版社联系调换。

20世纪30年代的贺衡夫

中南军政委员会委员
照（1950年）

晚年照

序

马敏

在中国商人群体研究中，有关徽商、晋商、苏商、浙商都已有较多的研究成果，人们对其经商之道也往往耳熟能详，但对于汉商群体，则相对比较陌生，除著名的"地皮大王"刘歆生、"水电大王"宋炜臣比较知名外，其他汉商的事迹则往往鲜为人知，对其经营之道更是云山雾罩，很难明其就里。可能正是有鉴于此，王申、马自勤二位多方搜集档案文献和公开出版的图书、报刊、网络及口述资料，尤其是获得贺衡夫后人的大力支持，经多年努力，终于撰成《近代武汉爱国实业家贺衡夫》一书，比较详实、客观、全面地记述了汉商巨子贺衡夫具有传奇色彩的一生，使我们得以一窥曾活跃于武汉三镇的汉商群体的风貌，对武汉近现代工商业的发展也有了更全面、深刻的认识。本书的出版，可以说是对贺衡夫先生诞辰130周年暨逝世50周年一份最好的献礼。

在中国的特大型城市中，武汉素来以两江夹城、三镇鼎立著称。三镇之中，武昌长期以来主要是行政和教育文化中心，汉阳通常被视作工业中心，汉口则长期为商业中心。早在明清之际，因其独特的交通、地理优势，汉口业已成为"商贾毕集，帆樯满江"的商业巨镇，号称"天下四大镇"（汉口、景德、朱仙、佛山）之一。1861年汉口被迫开埠后，各国商人纷纷来此，商机大增。尤其在19世纪末、20世纪初张之洞督鄂期间，随着若干新式工厂的兴建和京汉铁路的开通，汉口迅速地崛起成为仅次于上海的重要通商口岸和工商业中心，享有"东方芝加哥"的美誉。

近代汉口在工商业上的快速发展，除地理、历史因素和能臣干才如张之洞等的治理外，也与活跃其中的大批汉商不无关系。从百年老店叶开泰、汪玉霞、曹祥太、谦祥益，到新兴近代企业既济水电公司、扬子江机器厂、周恒顺机器厂、汉昌肥皂厂、裕华纱厂、申新四厂、福新五厂等著名工厂，其间不乏众多长袖善舞、锐意求新的商人和企业家。同其他家世显赫的商帮相比，汉商中有不少人系崛起于草根，出身于学徒、店员，凭借灵活的头脑和吃苦耐劳的精神，不断寻求商机，积腋成裘，积小成大，终于成为商场和企业界的名流，其中，刘歆生、贺衡夫都堪称白手起家，从底层崛起的具有典型意义的汉商代表人物。

综观贺衡夫充满传奇色彩的工商人生，个人认为，有以下几点似最能体现杰出汉商群体的内在禀赋：

一是头脑灵活，务实趋新。从传记的描述中，不难看出，贺衡夫之所以能在经商中取得成功，关键在于他所具有的灵活、务实的经商头脑。出生于著名码头汉阳黄陵矶的贺衡夫，少年时期即只身到汉口荣昌油行当学徒，在历经失业和摆摊创业的考验之后，终于抓住商机，通过借贷经营淮盐发了大财，一跃而成为汉口著名的"桐油大亨"。以后又顺应兴办实业的潮流，将大量资金投入汉口既济水电公司、裕大华纺织工业公司、上海新生纱厂等新式企业，以及汉口商业银行、永利银行、汉口市银行等金融机构，一变而为企业家和银行家。其实，一大批汉商都是因为像贺衡夫这样具有灵活务实的经商头脑，同时又善于趋时应变，不断捕捉最有利的商机，顺势而为，方能成就自己的事业，在竞争激烈的工商界崭露头角。

二是仁义经商，热衷公益。贺衡夫属汉商中的精英，而之所以能成为精英，便在于他们不仅精通纵横商场的赢利之"术"，且掌握了源自儒家思想的仁义经商、义利兼顾的经营之"道"。他们高于一般普通商人的，便在于在其内心深处仍以儒家思想为信条，坚持"利缘义取""富且能行仁义"，"君子爱财，取之有道"，而不做"见利忘义"，"为富不仁"之事。

晚清上海著名儒商经元善主张经商要有能吃亏的精神，不能事事想占便宜，"试问君子与小人，其大关键在何处？曰但看事事肯吃亏而局量宽宏者，必是君子；事事要占便宜而胸襟狭隘者，必是小人。"（《送两弟远行临别赠言》，虞和平编《经元善集》，华中师范大学出版社，1988年版，第13页）贺衡夫正是这样一位不图小利，但谋仁义的有胸襟的商人，他秉持的理念是："自己富了，同行也都富；自己发展了，大家也都发展。"典型的事例便是在做桐油生意时，当贺衡夫从洋行职员那里了解桐油质量的规格标准以及检验质量的仪器之后，便立即向同行公布了这一"秘密"，使油业同行不再受外商的盘剥。

检验一个商人能否做到仁义经商，关键还要看他是否具备"达则兼济天下"的公益精神，乐善好施，回报社会。但凡儒商通常都不单纯将经商视作一种纯粹的经济活动，而是将此视为社会责任的一环，以回馈社会作为自己义不容辞的社会职责。

贺衡夫之所以能够在武汉工商界享有极高的声誉，便在于他在经商致富后，能"兼善天下"，坚持扶贫济危，热心慈善公益，将赚来的钱又回馈于社会，取之于民，用之于民。贺衡夫一生做了无数的好事、善事，每遇天灾人祸，都会慷慨解囊，救孤恤寡，乐善好施，是许多慈善团体的负责人或赞助者。尤其在1931年武汉大水灾中，贺衡夫全面主持汉口市工商界的赈灾救济工作，事无巨细，任劳任怨，为救灾作出了巨大贡献。

鉴于在商界的声誉，贺衡夫于1931年当选为总商会改组后的汉口市商会第一任会长（亦称主席），以后又数度出任副会长或会长，俨然成为汉口商界的领袖人物，尽心尽力为工商界服务。在商会会长或副会长任上，贺衡夫与陈经畬等兴商学、启商智，创办了商业职业学校，为武汉商界培养了大量人才。他还出任陈时创办的中华大学的校董，不时给予财力资助。贺衡夫真正做到了张謇所说的"父教育而母实业"，经商不忘教育，不忘为国家培育人才，将儒家"仁"与"义"的精神发扬光大。

三是爱国报国，矢志不渝。处在现近代"千年巨变"的社会环境之中，经商营工的经济事业必然要同国家命运、民族存亡的大局相勾连，民族意识和国家意识是每一个企业经营者所无法回避的。近代儒商张謇曾明确地将振兴实业与国家存亡相结合，认为振兴实业的根本目的在于救国和救民，提出，"天下将沦"，唯实业和教育"有可救亡图存之理"（曹从坡等主编《张謇全集》，江苏古籍出版社，1994年版，第6卷，第521页）。在这样的历史大背景下，贺衡夫经受了时代的洗礼和考验，爱国报国，实业救国，成为他矢志不渝的人生信条。他始终把个人命运与国家的前途、民族的兴亡紧密联系在一起，无愧于"爱国实业家"的称号。

贺衡夫的爱国情怀是始终如一的。早年他之所以从经营油业转向投资实业，原因之一，就是因为翻阅了孙中山《建国方略》中的"实业计划"。《建国方略》使他逐渐树立了通过发展民族工业从而振兴中华的理念。1931年九一八事变之后，他所领导的汉口市商会积极投入抗日救亡的热潮，一方面请愿要求政府出兵抗日，一方面自发组织抵制日货，主张对日经济绝交。1932年李顿率领的国联调查团来武汉调查时，贺衡夫曾代表武汉工商界向国联调查团陈述"维国权、护民益"的意见，斥责了日寇的侵略暴行和荒谬宣传。1937年抗战全面爆发后，贺衡夫领导的汉口商会积极响应国共两党提出的抗日救亡主张，动员工商界踊跃捐款捐物，支持抗战。武汉沦陷前夕，他全力以赴组织了武汉民营企业向西南大后方的撤迁行动，严词拒绝有人劝他留下来维持商务的建议，表示坚决不当汉奸，毅然随政府迁往重庆大后方，继续为抗战作贡献。

从其一贯的爱国立场出发，在抗战胜利后的国共斗争中，贺衡夫对共产党人平息内战、争取和平的主张抱有好感。武汉解放前夕，他代表汉口商会参与组织"武汉市民临时救济委员会"，一方面与国民党展开"反撤迁、反破坏"的斗争，防止国民党撤退时进行破坏活动，保卫城市完整；一方面在工商界展开宣传，安定人心，迎接解放。武汉解放后，去香港暂避战火的贺衡夫一家，很快被中共派人从香港接回武汉，积极参政议政，为建设新中国出力，团结工商界做了大量力所能及的工作。

最令人感动的是，即便是1952年"五反"运动中，贺衡夫因遭人诬告身陷囹圄，蒙受奇冤，妻子也因此自缢身亡，但次年平反出狱后，他却不计个人得失，仍真心拥护共产党，追随共产党，加入了中国民主建国会，积极参加民建组织的各项活动，继续为国家的经济发展作贡献。其对共产党和新中国的一片赤诚之心，日月可鉴。

在贺衡夫离世整整半个世纪之后，替这位著名爱国工商人士立传，其意义，不仅在于回顾他为发展民族工商经济而艰苦奋斗的人生历程，总结他身上所体现的汉商优秀品质，更重要的，是要将他的爱国情怀和优秀企业家品质融入当前新时代企业家精神的建设之中，弘扬优秀企业家精神，更好发挥企业家作用，激发市场活力，团结一切可以团结的力量，为实现中国梦而持续奋斗。

企业家精神的建设包括两个方面：一方面是要着力营造依法保护企业家合法权益的法制环境，促进公平竞争诚信经营的市场环境，创造尊重和激励企业家干事创业的社会氛围，简言之，即要加强市场经济的制度化建设。另一方面，则是要弘扬和传承历史上优秀企业家精神，引导广大企业家爱国敬业、遵纪守法、创新创业、服务社会，形成新时代的企业家新精神。

　　贺衡夫所代表的优秀汉商传统和爱国实业家精神，在新时代新型企业家精神的塑造过程中，可以发挥重要媒介作用，成为培育新时代"四有"商人的重要文化基因。这"四有"商人的内涵是：有道之商、有信之商、有志之商、有德之商。

　　所谓"道"者，既是民族大义的"救国之道"，也是个人操守的"为人之道"。"道可道，非常道"。"道"在不同的时代和不同的社会有不同的内涵，但在"为仁"、"取义"、"求善"等大方向、大原则上却又是完全一致的，即要立志做有理想、有追求、有人生远大目标的"有道之商"。将"为人之道"和"经营之道"完美相统一，成为既具有中国传统人文美德又具有现代化管理意识的企业家和经营者。

　　所谓"信"者，即"诚信"和"诚实"。一是指对经商始终抱诚实、诚恳的敬畏态度，不弄虚作假，不坑蒙拐骗，不店大欺客。二是指"重然诺"，将商业信用看得高于自家性命，一诺千金，信守合同。做"有信之商"，就是要做到"重信守义"，依法经商，以"仁"取利，不见利忘义，丢失了做人的根本。

　　所谓"志"者，即要胸有大志，视企业为"公器"，以天下为己任，关怀社会，热心公益，取之于民，用之于民。如果我们能把企业经营看作是"公众之事"，将企业视作"天下之公器"，就一定能超越狭隘的利润追求，不以赚钱为唯一目的，而以参与公益事业、回馈社会作为企业更高的追求，从而使经营活动本身得以升华，达至更为崇高的精神境界。

所谓"德"者，即商业道德之修养。做"有德之商"，就是要自觉地用"勤俭"、"廉洁"等儒家道德规范来约束自己的行为，事业上勤勉精进，具有强烈的敬业精神；生活上俭约朴素，洁身自好，不炫奇斗富，不追求奢侈之风，培养良好的道德品质、生活作风，乃至清白家风。

以上四个方面的"四有"商人要求，不仅是贺衡夫作为爱国实业家一生经历和追求的浓缩，也为新时代的企业家树立了道德的标杆。中国当代商业道德文化建设和企业家精神的培育，必须从以上四端寻得门径，采取切实可行的措施，使之成为每一个商人和企业家的伦理道德守则，使每一个商人和企业家血管里都"流淌着道德的血液"。

千里之行，始于足下。如果我们每一个商人和每一个企业家都能够切切实实地做到以上几点，中国当代的商业道德风尚就一定能有切实的变化，一种讲诚信、讲责任、讲良心的文明商业道德新风就有可能形成，新时代新型企业家精神的建设也就离成功不远了。

真如此，贺衡夫先生则可含笑于九泉！

[作者为华中师范大学中国近代史研究所教授、博士生导师、所长，国务院学科评议组（中国史组）召集人，国家教材委员会委员，国家社科基金历史评审组成员，湖北省社会科学界联合会主席，原中国史学会副会长、中国经济史学会副会长，享受国务院特殊津贴专家，主编《中国近代商会通史》（四卷本）。]

戊戌年初秋于武昌桂子山

前言

王建学

中国近百年以来，"九省通衢"的武汉，不仅仅是政治重镇、军事要地、文化名城，更是以其工商经济的发达成为外向型的国际化大都会，被誉为"东方芝加哥"。武汉近代工商业的发展繁荣，离不开引领开拓和创新进取的优秀人物的历史贡献。武汉近代工商业史上名人辈出，留下了一串串闪光的足迹。这些工商名人大多出身草根，以吃苦耐劳、不畏艰难、奋发图强的精神创办了许许多多闻名中外的民族工商企业，奠定了近代武汉工商业兴起的坚实基础。他们以敢为人先、机敏多智、果断做事的鲜明特点，开拓武汉外贸市场，向世界展现了汉商群体的风貌。他们以仁义立身、诚实守信、勤劳节俭的品德，继承了中华优秀传统的工商文脉。他们以包容和谐、宽厚博大的胸怀，团结各方商贾，共同促进了大武汉的繁荣。

本书记述的主人公贺衡夫就是近代武汉工商界的一位杰出代表人物。

贺衡夫（1888—1968），名良铨，湖北汉阳人。他是20世纪武汉地区家喻户晓的工商界巨子。少年时在汉口商店当学徒，成年后率自家兄弟创业，从在乡镇摆油盐地摊开始到经营桐油出口贸易，几年后跃居汉口桐油行栈之首，有"桐油大王"之称。从1929年起，他将商业资本转投入民族工业以及房地产和公益事业，担任汉口既济水电公司、裕大华纺织公司、武昌第一纱厂、上海新生纱厂、大冶源华煤矿公司、山东大兴煤矿公司、汉口商业银行、永利银行、汉口市银行、汉阳县银行董事或常务董事，重庆庆华颜料厂董事长，汉口孤儿院董事长，武昌中华大学校董。屡任汉口市商会领导职务：1931年2月至1933年2月任商会主席，1938年起任商会代理主席。武汉沦陷后，1944年至1945年在重庆任汉口市商会驻渝办事处主任（办理汉口商人在渝商务事宜）。抗战胜利后至武汉解放前夕任汉口市商会理事长。

1949年4月，他与湖北知名人士张难先、李书城及工商各界代表发起成立武汉市民临时救济委员会，开展"反撤迁、反破坏、保护城市"活动，迎接解放军进城。后因家中遭武装暴徒袭击被迫离汉赴香港。

新中国成立后，贺衡夫从香港返汉投入新中国的建设中。先后担任中南军政委员会委员、中南财经委员会委员、武汉市人民代表、市人民政府委员、市财经委员会委员，市第一、二届政协委员，市工商业联合会筹备委员会主任委员。1952年"五反"运动中因冤案被捕入狱14个月，经查清事实，无罪获释。旋加入中国民主建国会。1956年担任为武汉市第一商业局顾问。1968年元月病逝。

纵观贺衡夫的一生，作为驰骋商界的领军人物，他亲历了武汉近代发生的重大历史事件，致力于武汉近代民族经济的发展，见证了武汉近代城市崛起的过程。我们从他的身上可以学到许多可贵的品质。

第一，志存高远，实业救国，力赴国难

爱国兴邦的情怀是贯穿贺衡夫一生的主线，是他成长的灵魂。他把自己的命运与国家的兴亡、民族的安危紧紧融合在一起，从为个人生计奋斗的"卖油郎"成为著名的爱国实业家。

早年的贺衡夫经营油盐生意和桐油出口贸易，常与外商打交道，目睹外国经济侵略对中国资源的掠夺，深感帝国主义利用其特权和实力控制着武汉的金融、外贸、海关、交通和机械制造，中国民族工业只能在夹缝中生存。于是他在油行业务正旺时，维念国家经济前途应着重实业的发展，决定放弃在商业上财富的继续积累，而走上了与列强抗争、自立自强、实业救国的道路。他所投资和参与经营的6家企业和4家银行，涉足水电、矿业、纺织、金融等多个行业，在民国时期的武汉、湖北省乃至全国的工业和金融业中都有举足轻重的地位，对近代民族工业的兴起和发展发挥了重要作用。

九一八事变发生后，贺衡夫领导的汉口市商会，一方面请愿要求政府出兵抗日，一方面自发地抵制日货，向社会公开表示"誓不买卖日货""查禁封闭日货""拒收日本钞票"，主张对日经济绝交。他代表工商界向正在武汉进行调查的国联调查团陈述"维国权、护民益"的意见，斥责日军侵华暴行，驳斥日寇的荒谬宣传，在国际舆论上起了很大作用，端正了国际视听。

1937年卢沟桥事变发生，他立即发挥商会功能，致电前方抗敌将士，表示誓作后盾，以鼓舞军心；发动各行业踊跃捐款、捐衣物，支持抗战；借商会会址成立收容所，安顿各地难民；动员工商界认购救国公债；组织代表团赴抗战前线慰问；查禁日货；筹集大量现金与粮食，通过外国教会转交给未撤退的慈善团体，救济难民。在武汉作为中国抗战临时首都及武汉保卫战期间，他为国共双方提供抗日活动的便利条件，支持国共合作、同心协力抗战。

武汉沦陷前夕，为了不给日寇留下资产，他全力以赴组织武汉民营企业向大西南的撤迁行动。他伸张民族大义，断然拒绝别有图谋的人劝其留下维持本市的商务，表示坚决不当汉奸，随后撤往后方重庆，继续为抗战做事情。

第二，商界领袖，为民谋福，功效卓著

武汉近代商会组织（清末称汉口商务总会，民国初年称汉口总商会，20世纪30年代后改称汉口市商会），兴起于晚清汉口工商业兴盛发展时期。因汉口位于中国中部工商辐辏之地，各类行业公会和商家众多，其商会规模宏大，经济实力雄厚，是具有全国性影响的商会之一。其会长（不同时期称总理、主席、理事长）都由颇有声望的工商业巨子担任，如靠白手起家经营药材的武汉商界巨擘蔡辅清，汉口第一纱厂董事长、工商和金融两界大佬周星棠，以爱国实业家和社会慈善家著称于世的陈经畲，以开设钱庄并曾为冯玉祥筹借军饷立功而闻名的黄文植等，都任过该职。

汉口市商会虽然是为了维护自己利益而成立的自治团体，但他们有强烈的社会意识，历来以国家、民族的利益为首要，以为人民谋福祉为己任。也可以这样认为，他们是将地方自治理念付诸社会实际的主体。每当这个城市处于历史关键时候，商会都会引领工商界人士认清时代形势，适应历史潮流，推动社会进步；每当这个城市出现内外危机的时候，商会便会献言献策、出钱出力，保护城市安全，维持市面秩序，安抚民众，救济民生。例如，辛亥革命武昌首义时，汉口商务总会组织保安队响应起义，为革命军募集捐款，提供军需，运送食品，救护伤病员，稳定市场秩序，受到南京政府临时大总统来电嘉奖。五四运动时期，汉口总商会致电北京政府和外交协会，反对签订丧失国土的和约，发动会员支持北京学生运动，抵制日货，举行罢市，力争国权，对我国拒绝在凡尔赛和约上签字，阻止日本掠夺青岛的阴谋得逞起到了一定的作用。就是这种敢于担当的精神，使商会在市民中享有很高的威望，也是当局赖以解决困境的一支重要力量。当时从官方到民间几乎都把振兴商务，使中国富强的希望寄托在商会组织上。

贺衡夫为人正直，办事公道，商德高尚、团结助人，深受工商界的拥戴。他从20世纪20年代起即参与商会上层事务，于1931年2月当选为汉口总商会改组后的汉口市商会第一任会长，之后又屡任商会正副会长要职。他继承了汉口总商会的优良传统，充分发挥商会功能，以其人品、能力、资本的三大优势，为工商界服务近30年（包括在武汉沦陷时期任汉口市商会驻重庆办事处主任的工作），功效卓著，为国家、社会做出很大的贡献。

1931年7月，武汉遭遇特大洪灾，贺衡夫一面动员各同业公会募捐，并负责安排发放救济金、收容转移难民、掩埋尸体等，设立临时孤儿院；一面通过各种渠道向国内外呼吁救济，得到上海工商业界及美国红十字会的大力援助。灾后，工商业不振，资金周转呆滞，他商请金融部门采用放宽贷款办法，并提出私人现款纹银投入钱业转贷放出，搞活了当时市场经济。

1949年4月武汉解放前夕，华中"剿总"司令白崇禧在逃跑之前，准备对武汉的生产设备进行拆迁和爆破重点设施。为了防止国民党部队破坏市区，贺衡夫邀请武汉各界知名人士在自己寓所发起成立"武汉市民临时救济委员会"，以商会为办公地点，组织工人、市民开展"反拆迁、反破坏"的斗争，维持地方治安，保护人民生命财产，保全城市完整，还就武汉真空期间的粮食做好储备。白崇禧仓皇飞逃后，国民党武汉守备区司令向工商界强行勒索，并扬言要对武汉城市建设和交通进行破坏。中共武汉市地下党组织在临时救济委员会配合下，与汉口市商会、汉口市工业会联系，向各业公会、各大工厂筹集大量银圆及粮食，以维持社会秩序"酬劳费"的名义，分别给武汉守备司令部及各维持治安部队送去，避免了军警和民众的流血冲突，保证了人民生命财产及重点场所和区域的安全，使武汉平安度过了真空期间，顺利地迎接中国人民解放军进城。有学者认为"从某种意义上说，临时救济委员会起到了临时政府的作用"。这种"武汉方式"的和平解放是中国人民解放战争中独一无二的，对于全国的解放有非常重要的意义。

在贺衡夫等人的领导下，汉口市商会组织联络工商界、交流商情、调处工商业内部纠纷以及社会救济方面的成绩出色，在武汉政治、经济、文化生活中都发挥了相当大的作用。尽管做了许多有益于国家人民的事，但他觉得很不够。他曾对老友萧纯卿说："我在武汉这么多年，对乡亲们做的事还很不够，这是我很大的遗憾。"

第三，汉商传统，仁义立身，务实趋新

在中国近代商业史上，业绩卓著的武汉商人具有敏锐的眼光、精明的头脑，善于思变，务实趋新，做事果断，这是世人公认的智慧型商人。汉商很少像晋商、徽商那样，将经商赚来的钱带回老家买地修建高大精致的豪宅、古典幽深的园林，而是关注时代发展趋势，适应社会民生需求，投资工业金融业，追求创造更大的社会经济利益。他们观察市场和把握市场总能够先人一步强占商机，找准合适项目，就大胆投资或与人合伙，运作有方。贺衡夫的身上也体现了汉商的这些特点。他从不依靠外国资本、官僚资本和封建资本，而凭个人的才智和勤奋，致富有道。早年摆地摊时，就看准商机，借贷经营淮盐生意，赚到第一桶金。做桐油出口贸易时，善于动脑，与外国买办斗智，竞争市场份额，生意做得风生水起。20世纪中期武汉民族工业出现新的转机，他瞄准国内外市场，找准投资工业和金融业方向，而获得了

较稳定、丰厚的利益。

汉商践行了人性重利的经济活动，但又遵守儒家思想的核心精神，以义为上，义利兼顾。当贺衡夫从洋行职员那里探知桐油质量的规格标准以及检验质量的仪器后，即将"秘密"向同行公布。从此，油业同行不再为此受外商的盘剥，也使民族资本利益得到保护。他的理念是：自己富了，同行也都富；自己发展了，大家也都发展。

汉商最讲究"以诚信为本"。武汉临近解放时，武昌第一纱厂在市面售出纱单上万台，无货可兑，数以千计的持单人共同请担保人贺衡夫出面主持公道，贺以私人财产为一纱厂担保，嘱咐大儿子拿出一个小皮箱，当众打开说："这里面是我全部财产的契约股票。现金我拿不出来，我现在把这个皮箱交给你们，让你们放心，决不让你们吃亏。"后来他又筹到一些银圆交给该厂，解决了工厂复工问题。他慷慨磊落、诚恳待人、甘当风险的态度，感动了所有在场的人。

近代汉口，商机无限，全国各地商贾云集。汉商从不排外，具有包容宽厚的情怀，以"海纳百川，有容乃大"的胸襟，团结所有外来商人，共同建设大汉口，在成就别人的同时，繁荣了本地，同时也成就了自己。20世纪20年代初，经营桐油出口的几乎都是旧式商人，对外贸易不甚适应。贺衡夫着眼于国家外贸经济的发展，曾扶植过四川籍青年商人李锐（又名李毅斋），主动筹集大批桐油借给刚创业的义瑞行商号，为日后义瑞行的发展奠定了对外贸易的经济基础，对国家外贸事业贡献不小。在商会内部，贺衡夫善于团结外省籍的工商企业家，讲究团结和睦，遇事与大家平等协商，兼顾各方利益。商会会长换届更换是常事，抑或外省籍工商企业家任正职，他也能尽心尽力配合，不计名利，以大局为重，把商会的事情做好。因而，贺衡夫在武汉工商界一直享有很高的声望。

第四，富而思源，立德为本，乐善好施

贺衡夫出身贫苦，他与兄长们经营油行致富后，仍富有同情心，爱民亲民，扶贫救困。他自己生活俭朴，却将所赚的钱部分用于回报社会。对他而言，经商赚钱只是一种手段，通过这种手段经世济民，最终实现立德的人生目标。他奉行的人生信条是："穷则独善其身，达则兼济天下。" 在当时的武汉，一般人比较普遍地认为贺衡夫是爱国工商业者，而更多的人则把他看成社会慈善家。凡有益于民众的公益事业，如筹建沿江大堤、修建城市公园、开办孤儿院、设立红卍字医院等，他都热心去做。每遇天灾人祸，必定带头慷慨解囊，为灾民施食施衣，救孤恤寡。连买彩票中的奖金都用于做慈善事情。由于他热心公益和慈善事业，从1917年开始，武汉各类慈善团体都推选他担任负责人。这些慈善团体有的是由他发起的，有的是他被邀请参加的。慈善团体的经费有的全部是他捐助，有的是他捐助一部分，其余的由他出面劝募。

他乐于助人，无论是亲友、职工或只有间接关系的人，凡有急难向他求助，几乎有求必应。他常为人做职业保证人，虽曾为此多次受累，也不以为悔。他说：

"一个人，为一家生活找到职业是多么困难，我代他赔偿损失只是偶然的事，在我也算不了多大的损失，在他们则可以解决一家人的生活。"贺衡夫在武汉解放前夕本着平生助人为乐的本衷、急人之所急的义举，至今仍为知情的人们啧啧称道。

第五，追求进步，拥护中国共产党，投身新中国建设

贺衡夫是武汉工商界的头面人物，在三年解放战争时期，国民党关注他、拉拢他，共产党也在争取他多为人民解放事业做有益的工作。在历史转折的关键时刻，他能够认清形势，明辨是非，在政治上追求进步，站在中国共产党和人民的一边。1948年他被选为国大代表，赴南京开会，更加看清国民党政治腐败的乱象，思想倾向共产党。在1949年武汉解放前夕，贺衡夫通过工商金融界人士中的共产党员及党外积极分子，与中共地下党组织建立了联系，并在中共地下党的指示下，为防止国民党撤退时进行破坏活动，保全城市完整，维护市面正常秩序，迎接解放军进城做了许多有益的工作。为此他的家遭到国民党武装分子的袭击，他被迫离汉。新中国成立时，贺衡夫居住香港，是有条件去台湾经营企业的，但在中共政策的感召下，他带着40万美金毅然返汉，积极投入武汉经济恢复和建设中。当得知市里一些机关需要用房，他便将自家居住的两栋宽敞的楼房借给市司法局，全家租用民房生活。1950~1952年，他任武汉市工商联筹备委员会主任委员，推动工商界购买胜利折实公债，捐助社会救济款。在抗美援朝中组织工商界捐献慰问金，折合捐献战斗机44架。他还把两个孙

子送去参加中国人民解放军。由此，贺衡夫曾赴京列席全国政协一届三次会议，受到毛主席的接见和鼓励。

值得提出的是，贺衡夫于1952年"五反"运动中受到天大的冤枉，出狱后他对儿子们说，他还是崇拜共产党、拥护共产党，要坚定跟党走。因为他感受到在党的领导下，祖国一天天强盛起来，中国人民再也不受帝国主义奴役和欺凌了。尤其是他看到孙子辈在党的培养教育下逐渐成长起来，奋发有为，成为建设国家的有用之才，心中感到无比欣慰，个人的荣辱已不足挂齿了。

在贺衡夫去世13年后，1981年9月1日《长江日报》补登了一则《讣告》。文中说："全国解放后，贺衡夫先生基于爱国热忱，响应中国共产党的号召，毅然从香港回到内地，曾任中南军政委员会委员，中南财经委员会委员，武汉市第三、四届人民代表，武汉市人民政府委员，武汉市财经委员会委员，武汉市第一、二届人民政协委员，武汉市工商联主任委员。贺衡夫先生是爱国的民族工商业者。二十年来，在中国共产党的领导和教育下，努力学习，在社会主义革命和社会主义建设中做出了有益的贡献。"这是对贺衡夫一生做出的公正评价，也是告慰他的在天之灵。从"五反"一直到"文革"，贺衡夫经历了各项政治运动的考验，证明他的确是拥护党、拥护社会主义的爱国工商业者。

如今，贺衡夫已经离开我们整整半个世纪了。这期间中国发生了翻天覆地的变化。中国人民在中国共产党领导下推翻了压在头上的"三座大山"，顶天立地站了起来。经过近40年来改革开放和建设中国特色社会主义的伟大实践，中国已自立于世界民族之林，尤其是实现了全面工业化，建立了完整的工业体系，成为世界第二大经济体。今天，贺衡夫其人其事早已成为历史云烟，我们重提往事，一是纪念这位为国家富强、民族振兴、人民幸福而奋斗的爱国工商业者，勉励后人学习他的优秀品质和良好作风。二是让人们了解在外国资本主义入侵和影响下中国近代民族工商业发展的艰难历程，认真总结历史经验，发扬中华民族抗击侵略、自强不息的优良传统。三是激励人们尤其是新时代的企业家，不忘初心，牢记使命，着眼未来，不断创新，开拓进取，砥砺前行，把个人理想融入实现中华民族伟大复兴中国梦的实践中。

2018年，是贺衡夫诞辰130周年、逝世50周年。本书作者以湖北省档案馆、武汉市档案馆的历史文献和公开出版的图书、报刊以及贺衡夫亲友口述为写作依据，撰写了这部比较详细、客观、全面记述贺衡夫一生的传记，以便让更多的人了解和认识贺衡夫，也为进一步研究武汉近代经济史和商会史提供一本有资料价值的参考书。

（作者为中国近现代史史料学会副会长、国家社会科学基金项目评审专家、"九一八"历史博物馆顾问、历史学教授）

2018年1月

目 录

近代武汉爱国实业家**贺衡夫**

水乡走出的穷苦少年

贺衡夫，名良铨，祖籍湖北黄冈，清初祖上迁居汉阳蒲潭（今武汉市蔡甸区军山街蒲潭社区）。清光绪十四年（1888）正月二十九日，他出生于蒲潭的一户普通农家。蒲潭处于湖洼低地，水网交错，可耕地不多，乡里农民生活较贫困。旧时的蒲潭有一条古色古香的小街，几十户人家。

贺衡夫一家居住在祖上留下来的一座简陋破旧的平房中。他的父亲在武昌维新当铺当保管，一家老小，就凭他父亲的工资维持生活。父母生有6子1女，加上年迈的祖父，这众口嗷嗷的大家庭日子过得非常窘迫，一家人常常辗转于饥饿的边缘。贺衡夫后来曾忆起当年他们家经济拮据的情况：人们都知道武汉人喜欢煨汤，来客人煨汤，改善伙食煨汤，病后体虚、产妇坐月子也要煨汤。这煨汤大多是排骨、鸡鸭、牛肉、猪肠肚、脚鱼等作主料，辅料则有藕、萝卜、冬瓜、海带、粉条等。而贺家断然是喝不起这样的汤，即使来了客人，也是端出武汉人戏称的"神仙汤"来招待。所谓"神仙汤"，就是清水烧开后，放入一点盐巴，撒些葱花，滴几滴酱油和菜油，锅上面飘出几丝香气来。而且，往往是客人从前门进来，母亲慌乱中找出几样不值钱的东西从后门溜出去，到小街的当铺里换点钱买些菜才回家做饭。

今日的蒲潭社区

衡夫在自家排行老五（在大家族中排行老七，故族内晚辈称其七叔），下面还有一个弟弟。几个哥哥一到成年的时候就被迫各自离家寻找生路。他年幼时，大家认为他天资聪慧，是弟兄之中最可造就之材，于是家里省吃俭用支持他和四哥到本村私塾上学。他勤奋好学，熟读《四书五经》，尤其是《易经》中的名句"天行健，君子以自强不息；地势坤，君子以厚德载物"在他脑海中留下不可磨灭的印记。他深刻领悟到，君子处世应像天道（即自然）运行一样，刚强劲健，发愤图强，永不停息；像大地的气势一样，厚实和顺，广播美德，容载万物。这句经典成了他一生的座右铭。塾师张先生是一位饱学之士，对衡夫教诲不倦，使传统的"仁、义、礼、智、信"观念进入他幼小的心灵中，其后他经商、做人都深受儒家思想的影响。

距蒲潭乡北几里远处，有一个热闹繁华的古镇，名曰

"黄陵矶"（今蔡甸区军山镇），古称"皇陵矶"。据民间传说这里出绝世美女，曾经产生了一个皇后、两个皇妃，而且某年皇后病故回家安葬，灵柩在此处的石滩上岸，故名"皇陵矶"。后来又改作"黄陵矶"。

黄陵矶镇在汉阳县西南60里处，位于通顺河下游的西岸。通顺河古称沌水，沌水注入长江口为沌口。黄陵矶周边分布着众多湖泊港汊，水运极为发达，上行10多公里可达沌口转通长江，其距离汉口的水路也只有30公里左右。明清时，每年无数大小船只途径黄陵矶驶进长江。古镇的中心是一条长约5里的老街，呈南北走向，青石板铺地，街道两侧里巷密布，状若蜈蚣，每个分汊都是良港。内河水流平缓，能方便船家在此泊岸，四方商贾的货物在此集散，从而较早形成集市。昔日，黄陵矶码头帆樯林立，河中百舸争流；镇上商贾云集，作坊、商店、钱庄、旅店、餐馆、茶馆、货栈无以数计，是汉阳县三大集镇之首，素有"小汉口"之称。贺衡夫小时候常随大人到古镇逛街、看商铺、游玩，由此对经商有了一些感性认识和兴趣，这个古镇也成了他日后独立经商的一个起点。

通顺河下游的黄陵矶渡口

由于水路交通的便利，黄陵矶人多爱到汉口谋生。这是因为自明末清初以来，扼长江、汉水两大水道咽喉的汉口，便是"五方杂处、商贾辐辏"的商业重镇。当时广东

今日黄陵矶街道

的铁制品、苏木、蒲葵、蜡等，福建的蔗糖、烟草，河南的棉花，江西的瓷器，云贵的木材，四川的粮食等，都云集汉口。汉口已成为与广东佛山、江西景德镇、河南朱仙镇并列的四大名镇之一。第二次鸦片战争后，汉口开埠通商，水陆交通日益发达；英、俄、德、法、日设立五国租界，国内市场与国际市场的联系日趋紧密，成为华中地区进出口贸易的最重要口岸。于是汉口地区商品生产和贸易迅速发展起来。20世纪初，京汉铁路通车，汉口一举超越广州成为仅次于上海的中国第二大城市。"驾乎津门，直逼沪上。"时人形容当时的汉口是"十里帆樯依市立，万家灯火彻夜明"。连美国学者沃尔特·威尔也说："汉口在全国商品市场上所处的地位，可与芝加哥在美国的地位相媲美。"少年贺衡夫也非常向往汉口的繁盛景象。

民国初期繁忙的汉口码头

16岁那年，衡夫离家进入了汉口荣昌油行当学徒。荣昌油行做食用油生意，位于汉正街。这条汉正街可是全镇第一商业街，云集了各类商铺货栈、金号银楼、茶房酒肆，以盐、米、木材、布、药材、典当六行著称于天下，形成了商号林立、人流物流繁盛的景象。在当学徒的三年之中，他勤奋、聪明，得到了全行同事尤其是店主和掌柜的喜爱和赞赏。在这种商业气息浓厚的氛围中熏陶，他开阔了眼界，也深感知识的不足。虽然每日从早到晚都缠绕在杂务中，可是在夜里油行关门之后，他就挤时间学习。除了读古今经商方面的书籍，也看中外时政事务的报纸。他常把铺盖铺在柜台上就读起书来，直到昏昏不支，才脱衣上柜台睡觉，有时过于疲乏，书拿在手上就靠在柜台睡着了，直到天明。

三年学徒期满，因他头脑灵活，办事麻利，油行留下他当"跑街"，也就是做采购、营销等工作。他又在这里勤勤恳恳地工作了三年，用心熟悉业务，并有机会接触各大小客户和同行，更可以了解商情和行市，吸取别人的长处，锻炼了才干。1910年荣昌油行因故停业，他失业返回了老家。

从"卖油郎"到"桐油大王"

在老家街上摆油盐地摊

回到汉阳黄陵矶后，有许多店家相中了这位精明能干的青年，想聘用他当职员。他也犹豫、徘徊过，思前想后，反复衡量，最后决计凭着自己多年在油行的业务磨炼、跑街的经验及人脉关系，依托黄陵矶独特的地理环境，闯出自己独立经商之路。于是他谢绝了各方的聘用，同四哥、五哥合作，在黄陵矶街上摆设了油盐地摊，毅然迈上了新的人生旅途。衡夫负责从汉口赊购、运送油盐，由四哥、五哥销售，成了当地有名的"卖油郎"兄弟。这时正是辛亥革命武昌起义发生的那几天，即1911年的10月中旬。据衡夫回忆，他从汉口集稼嘴用木船运载油盐去黄陵矶的时候，长江对岸武昌城的枪炮声清晰可闻。随后，在汉口，清军与革命军对峙与激战，使得城区受到巨大破坏。为了摧毁民军的抵抗，清军将领冯国璋下令在汉口租界外的市区纵火，大火焚城持续5天之久，汉口四分之一的街市被烧毁，许多建筑和公用设施受损，数以十万计的人倾家荡产。衡夫目睹汉口繁华的街区成为一片瓦砾焦土，十分痛惜。

武昌起义后的一个多月内，全国有14个省先后宣告"光复"和独立，革命风暴席卷神州大地，并最终导致了中国两千多年来封建王朝统治的结束。早在辛亥革命前夕，贺衡夫与武汉的革命党人也有所接触，他二哥的连襟王民朴是汉口报界的头面人物。王民朴政治眼光敏锐，反封建的意识很强，文笔犀利，当时追随詹大悲、何海鸣等革命党人，与汤化龙和夏寿康等一批立宪派人士一起，于1910年成立了汉口宪政同志会，利用清政府的预备立宪和改革地方官制的时机，积极开展立宪—自治运动，深入城市社会基层，鼓荡舆情，撒播革命的种子。衡夫通过二嫂的关系认识了王民朴，并与他经常来往，聆听他宣传民主、自由、平等的新思想。衡夫当时只有22岁，向往新世界、新生活，很容易接受这些新思想新理念，所以当武昌首义成功、推翻帝制、成立军政府的消息传来，他与汉口市民一起感到振奋和喜悦。

借贷经营淮盐发大财

1912年民国成立后，贺家兄弟同心协力，合作无间，油盐地摊的生意日渐兴隆。贺衡夫知道原荣昌油行在汉阳仓库存储一批食油，就去找老店主商量准许他赊购，并陆续运到黄陵矶。于是，贺家兄弟就在黄陵矶街上租了一间门面，开了略具规模的油盐商店，牌名"衡昌仁记"。这时，一家人的生活面貌开始有了改善，弟兄们就专心致力于油盐店的发展。两年之间，业务的辐射面日益宽广。衡夫考虑到汉口是武汉最繁华最热闹的商业中心，也是华中地区商品集散地，于是就提议兄弟6人合资在汉口的花楼街开了一家"衡昌义记"油盐商店。

贺氏兄弟开的衡昌义记油盐店位于汉口繁华的花楼街

这年，衡夫经友人介绍，向沙市钱庄借贷2 400串钱，购得淮盐50引。此举使他发了一笔大财，成为他发迹致富之开端。

淮盐是清代汉口商品市场上的大宗商品。湖北、湖南两省人民按惯例购食淮盐。据记载，自明代晚期以来，商人垄断食盐运销制度建立，淮南盐船从江苏仪征出发，西上入湖广抵汉口港停泊，凡食淮盐的地方均由汉口分运，由淮南盐商批发给两湖各地的盐贩。这是因为汉江下游适合停靠大型盐船，淮盐就由长江船运至汉口停集；又因清代户部规定湖北、湖南两省淮盐在汉口分销，所以汉口的淮盐经销业务非常兴旺。清乾隆年刊《汉阳府志》载，汉口的"盐务一事，便甲于天下，十五省中亦未有可与匹者"。

"引"是商人运销货物的凭证，也指所规定的重量单位。至清代，政府对淮盐的经销采取额派制度，即通过官府给盐商发行"引凭"，每"引"可贩盐364斤。为方便运输，每引又可解作44包，每包重8斤4两。食盐是百姓不可或缺的生活必需品，清代由于盐价不断上涨，盐商们获利相当高。如康熙年间，每引盐价白银4两4钱（注：《续辑汉阳县志》），而到了清末，每引盐竟涨至白银30余两。叶调元《汉口竹枝词》曾描写道："一包盐赚几厘钱，积少成多累万千。若是客帮无倒账，盐行生意是神仙。"这里生动地说明了当时淮盐巷盐商们的生意比其他的商人要好得多。从明末清初起，移居汉口的商人转运淮盐而积聚财富的传奇在民间广为流传。

在汉口硚口区江汉桥东侧，紧靠武胜路处，有一条闻名两湖、江淮的淮盐巷，这条弯弯曲曲的小巷只有200多米长，宽约3米，南进北出。清末一吴姓商人在此设盐号，专售淮盐，故名"淮盐巷"。因它靠近汉江的各大码头，很自然成为淮盐贸易中心。清代官府"督销淮盐局"就设在淮盐巷附近的武圣庙，不少贩卖淮盐的商人为了办事方便也多在淮盐巷集居，淮盐商人的组织"淮盐公所"也设在巷口。盐商们发了财，除将淮盐巷的住房、里弄修成当时汉口最好的街区外，一些大盐商还在这里盖起了许多别墅园林，成为盐商们的"后花园"。不过，真正靠淮盐发迹的本地人很少，多数是江西、安徽、江浙一带的盐商，如安徽桐城的姚小山、江苏丹徒的包云舫是当时赫赫有名的盐业巨贾。

辛亥革命后，商人垄断食盐运销制度废除，盐商们有的改业，有的回原籍，淮盐生意日渐冷落，淮盐巷也不是盐商们的乐园了，其房价地价趋于走低。此时，作为本地油盐店的小商人贺衡夫，敢于靠借贷购得50引淮盐，现在计算起来大约有9吨重，而且都转销出手，足见其经商的胆识和本事已不同凡响了。后来，他就在淮盐巷的北段买到一大块地皮建造房子，部分房屋供家族成员使用，部分房屋用于出租，取名"怡怡里"（武汉解放后，怡怡里并入"淮盐巷"）。当年怡怡里的房屋多是欧洲典型联排式建筑，而门楼、门窗、栏杆、房檐、窗棂等则为民族特色的雕花技艺，中西合璧，堪称汉口一道亮丽的城市风景。待到1921年，精制盐进入汉口倾销，淮盐的销路被夺去半数。不久，贺衡夫的油盐店也转而经销精盐了。

今淮盐巷北段的怡怡里旧址

跃升"桐油大亨"

民国初期长江航运业的发展必然带来船舶制造业的兴盛，市场上对于桐油的需求量不断增加。尤其是此时期频繁的战事使船只损坏不少，船舶修理业兴旺，而长江下游桐油奇缺，买卖桐油大发利市。桐油是由桐树的果实经压榨、加工、提炼制成的工业用植物油，具有迅速干燥、耐高温、耐腐蚀及良好的防水性等特点，作涂料、油漆，广泛用于造船、建筑、印刷（油墨）等方面。当年汉口已为我国桐油最大的集散市场，川、湘、黔、豫、赣、陕南等地所产桐油大都经重庆、万县、老河口、常德、宜昌、沙市来武汉交易、转运，或到汉口精炼出口的桐油。每年春夏为桐油市场旺季，集散数量平均60万担至100万担，其中80%出口贸易，20%销往国内江浙诸省。

经营食油生意的贺衡夫当然看到了这个商机。由于他的油盐经营顺畅，资金不断积累，就想到要扩充业务，兼营桐油生意。1913年他在老河口设庄购买桐油、木材、麻油运回汉口，在"衡昌义记"店内兼做油行，遂将油盐店改名为"衡昌油行"。1916年贺家在汉口横堤再设一店，加之汉口后花楼店、汉阳黄陵矶店形成"三店一行"的经营格局。后花楼店前面照旧零售油盐，店的后部专门经营桐油出口。这样，衡昌油行经营品种增多，规模扩大，面貌焕然一新。油行先后聘请理财能手朱显庭、熊奎庭为经理，办理日常业务，并负责桐油收购。贺衡夫曾派八弟赴美留学，以期更好地开发桐油对外贸易，后八弟因病未能完成学业参与经营，实为憾事。衡昌油行在汉阳南岸嘴还设立了油库和炼油工厂，由四哥负责主持；各店及油行的财务工作统一由五哥掌管；衡夫总揽全盘，并负责桐油对外销售。从此衡昌油行扶摇直上，攀升到武汉桐油行业的领先地位，贺衡夫便有"桐油大王"之称，也赢得了武汉权威工商业者的声誉，并被推选为油行同业公会理事长。

维护行业的共同利益

此时期经汉口出口的桐油每年约有6万吨，为汉口主要出口货物的第二位。衡昌油行遂以桐油对外贸易为主业，以图发展。第一次世界大战后，粤汉（武昌至长沙段）铁路通车，武汉从"帆船贸易""轮船贸易"时期转为"轮轨交行"时期，成为水陆交汇的交通中心，汉口在华中乃至全国商贸中转口岸的地位也日渐加强，洋商行的发展也在汉口形成高潮，进出口贸易更为洋商行垄断。其中桐油出口一直被英商、法商、美商、德商、日商等18家洋行垄断。外商不仅拥有储油池、炼油厂、检验分析设备，且享有种种特权。比如，经营桐油出口贸易的中国商人是全凭经验来评估桐油的质量，而收购桐油的外商洋行是用独有的检验仪器和不公开的质量标准进行检验，桐油质量是否合格完全凭洋行的收货人一言而定。不用说，他们对收购的桐油压质压价，常常提出种种不合理的刁难和苛求，致使中国商号蒙受很大的损失。中国商号明知吃亏也无法申诉，政府有关部门对此也无力干预。

为了维护行业和国家的利益，衡夫就多方探听个中秘密。衡昌油行的贸易对手之一是德商嘉利洋行。这个洋行的大班克良为人极其尖刻，该洋行人员对他非常不满。衡夫就利用这一矛盾，历经周折，不惜代价，从该洋行职员那里探知桐油质量的规格标准以及检验质量的仪器和检验方法，以重金把全套设备弄到手。这时他正担任油行同业公会理事长，便向同行公布这一"秘密"，并向政府有关部门和民间桐油贩运商告知。从此，油业同行不再为此受外商的盘剥，也使民族资本利益得到保护。事后，有人问他为什么要把这个"秘密"公布于众，他坦然地回答说："我已掌握了桐油检验的秘密，今后自己不再吃无谓的亏了。我也不忍心看到别人还在吃这种暗亏。我只有把秘密公布于众，大家都不再吃亏，我心里才好受些。"与此同时，他还购买多套桐油检验仪器送往桐油产地，让各桐油生产厂家掌握检验方法，以免受外商的欺骗。

在同行中，衡夫善于团结助人，扶持新人，也是人所共知的。他的理念是：自己富了，同行也都富；自己发展了，大家也都发展。他在业务联系中，结识了四川人李锐（又名李毅斋）。他见李锐才智过人，且精通外语和熟悉外贸业务，便深为器重。李锐创办的义瑞行同美国的施美洋行关系很深。施美洋行要购买900吨桐油，李很想承办这笔交易，以此为新创立的义瑞行打开局面，只是力不从心。衡夫闻知，主动筹集大批桐油借给义瑞行，并约定他收到施美洋行货款时再行归还。这笔交易的成功使义瑞行奠定了对外商贸易的经济基础。此后义瑞行在桐油对外贸易中誉满海内外，对国家外贸事业贡献不小。

至20世纪20年代末，武汉桐油业界在贺衡夫的引领下出口桐油的数量已位居全国第一，在国际贸易市场已形成"汉口桐油"的品牌。贺衡夫在汉口商界中的名声大振。在汉正街居住了近80个春秋的蒋明璧先生在《昔日汉正街》一文中评价道："最有声望的出口商当属贺衡夫先生。"

立志报国　投资实业

萌生实业救国意识

1929年，正当衡昌油行业务兴旺，大有发展之际，贺衡夫却萌生了将油行收歇的想法。这是因为他从多年经商中清楚地看到中国出口多是廉价的土特产初级产品，而进口的都是外国价格昂贵的工业加工产品。在经营方式上，华商主要是围绕外商做供货、转手生意，缺乏自营的进出口能力，因而为外商操纵和剥削。外商两头赚中国人的钱，仅汉口口岸每年都有巨额入超，而且是与年俱增。此外，据贺衡夫后来回忆，在经商这些年的余暇，他经常翻阅孙中山先生在1919年所著的《建国方略》，对他决意从事实业有很大启发。在《建国方略》中，孙中山提出了具体的五个方面"实业计划"。他说："予之计划，首先注重于铁路、道路之建筑，运河、水道之修治，商港、市街之建设。盖此皆为实业之利器，非先有此种交通、运输、囤积之利器，则虽全具发展实业之要素，而亦无由发展也。"另外，开发中国的实业，可以采取个人企业和国家经营两种方式进行。凡较之于国家经营更适当的实业，应采取个人企业的方式进行，受国家法律的保护。而那些不能交由个人企业经营的，譬如具有垄断性质的企业，则应由国家经营。同时，开发中国的实业，还应遵循如下四条原则：第一，必须选择最有利的途径吸引外资；第二，必须满足国民最迫切的需要；第三，必须是阻力最小；第四，必须选择最适宜的地理位置。这使贺衡夫逐渐树立起发展民族工业振兴中国的理念。他认定国家经济前途须靠发展工业，工业发达，国家富强，中国问题的祸根——贫穷落后也可以一劳永逸地消灭了。在《建国方略》中，孙中山还为武汉未来的发展勾画了美好的蓝图。他提出，武汉应建成略如纽约、伦敦之大，全国铁路系统中心，中国内地水运的"顶水点"，以及中西部经济贸易的中心，未来武汉的工业前景广阔，"首义之区，变成模范之市"。于是，他决心放弃在商业上继续发财致富的机会，而走上工业救国之路。他的两位哥哥支持七弟的信念，毅然停办了衡昌油行，决定把精力和资力转移到工业方面。

他们兄弟将衡昌油行及三家油盐店并为一家，改名"乾昌"油行。衡昌油行结束时，贺家对油行职工除发给解散费外，又将油行资产（包括炼油设备、仓库等）以租让方式交给各停业企业职工集资合股经营，换牌为"亦昌"油行，继续经营，在盈利时酌量付给贺家象征性的租金。此外，衡夫还在银行存入1万银圆给亦昌油行作为周转资金，所以亦昌油行一直顺利发展，到武汉解放前夕才结束。但"乾昌"油行的牌子一直保留着，主要是用于管理贺氏家族财务收支账目，后期由贺衡夫的儿子们任经理、襄理（协助经理主持业务的人）等。解放前夕亦昌油行连同油库等还给乾昌油行经营，在此基础上，贺家在胜利街开设"乾昌贸易行"，仍做进出口桐油贸易等，也是贺衡夫的儿子们在经营。直到解放后公私合营时，乾昌贸易行并入武汉市土特产贸易公司。

1929年起，贺衡夫将商业资本转投民族工业也源于他对时代背景的正确认识和对经济形势的理性分析。这是一名成功的企业家必备的素质。民国成立后，压制民族工商业发展的封建专制桎梏被打碎，及至第一次世界大战爆发，帝国主义列强忙于相互厮杀，无暇东顾，相对减弱了对中国的商品输出及资本输出；加之国内反帝爱国运动、抵制洋货运动的不断兴起，实业救国思潮的日益传播，武汉曾出现过设厂高潮，民族工业得到较大发展。但是20世纪20年代末，帝国主义卷土重来，不断蚕食中国的市场经济份额，逐渐控制、垄断了武汉市场；加之国内战争不停，天灾人祸，以及世界经济危机的影响，使武汉民族工业资金匮乏，原料不足，市场萎缩，产品滞销，不少工厂纷纷停歇倒闭。直至1929年武汉的工业又开始有了新的转机。以后的事实表明，至抗战爆发之前，在这八年间武汉的工业出现了短暂的繁荣，金融业比较活跃，许多民族工业资本家也获得了丰厚的利益。

将资金投入多家民族企业

贺衡夫敏锐地看到这次武汉工业出现的新转机和一些

工业企业资金的缺口，他经过细致的市场考察和调查研究，将手头资金先后投入汉口既济水电公司、裕大华纺织工业公司、由复兴公司承租经营的武昌第一纱厂、上海新生纱厂、大冶源华煤矿公司、山东大兴煤矿公司等工矿企业，以及汉口商业银行、永利银行、汉口市银行、汉阳县银行等金融机构，并分别担任这些企业、机构的董事长或常务董事、董事。因他在工商业有很高声望，以及他的才干能力，各企业都欢迎他入股合作。这些企业在他的全力参与下，均有不同程度的发展。这表明贺衡夫不仅是一位善于经营的爱国商人，也是一名富有远见的民族工业家。

贺衡夫所投资的企业在民国时期的武汉、湖北省甚至全国工业中都有举足轻重的地位，其成长的过程历经艰辛曲折，对中国近代民族工业发展做出重要贡献。兹仅举几例。

既济水电公司是民国时期武汉最大的公用事业，也是全国最大的商办水电企业。创办于1906年。当时洋务派领袖、湖广总督张之洞拒绝了外资竞相争办武汉水电的要求后，批准了大实业家、旅汉浙江商人宋炜臣联合十余名浙江、湖北、江西三省巨商筹办汉口既济水电公司的呈请。"既济"之名取《易经》上"水火既济"之意。既济水电公司开办初期，业务蒸蒸日上，建有水厂、水塔和电厂。水厂建在汉口宗关汉水边，为武汉水厂之始。水塔建在太平路（今江汉路），是汉口最早的高层建筑。1910年、宗关水厂、太平路水塔建成供水，至1923年夏季已达到每日700万加仑的供水量。电厂建在龙王庙附近的汉水边，

1908年建成送电，共5部电机，发电总量达到10 500千瓦，给汉口安上了电灯和供应了自来水。既济水电公司的建成和投产，加速了汉口近代化建设。辛亥革命后，公司为增添设备曾两次向日本借债1 250万日元，借债的条件是既济公司企业的燃煤、机器和物料均须向日本公司购买，日本还派工程师、会计师插手企图控制既济公司的经营管理大权。直至1922年，既济公司另借华债偿清日债，才摆脱日本的羁绊。1925年，既济公司完成了输水输电和发电设备的扩建，业务趋于顶峰。1927年北伐战争以后，宋子文财团以化债为股的方式渗入，成为既济公司的最大股东。武汉沦陷后，水、电二厂皆落于日本人之手。抗日战争胜利后，从1946年至1949年武汉解放，既济水电公司经过两次改组、改选活动，其实际权力始终掌握在宋子文豪门集团手中。李馥荪（银行家）任董事长，潘铭新任总经理，宋子文、钱新之、何成濬、贺衡夫4人为常务董事。这时期既济公司的水、电两厂仍是汉口唯一的公用自来水厂和火力发电厂，电厂发电量达18 250千瓦。新中国成立后，既济水电公司的水厂逐渐改造成现代化的自来水厂。

既济水电公司的电厂

1909年既济水电公司建成的水塔（位于今中山大道）

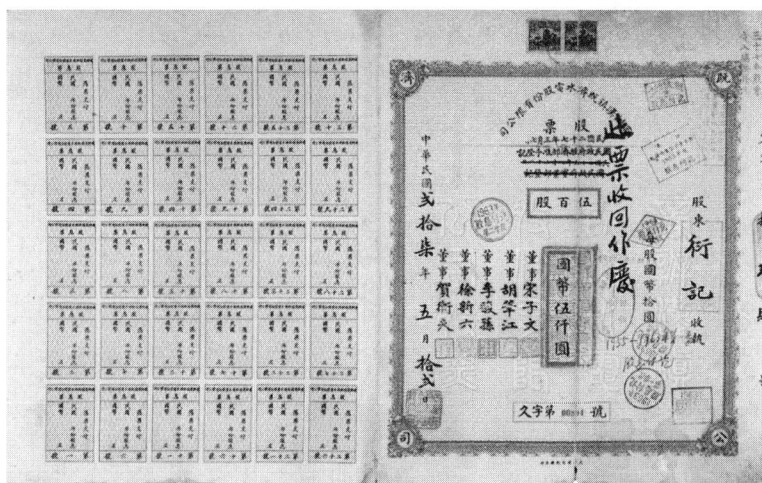

1938年既济水电公司发行的股票（票面上董事分别为宋子文、胡笔江、李馥荪、徐新六、贺衡夫）

　　裕大华纺织工业公司创立于1919年，前身是武昌裕华纱厂，由徐荣廷、苏汰馀、张松樵、姚玉堂、黄师让等人创办。武昌裕华纱厂是20世纪20年代武汉著名的四大民营纱厂之一。另三个民营纱厂是李紫云创办的武昌第一纱厂、刘季五创办的震寰纱厂、李国伟创办的汉口申新纱厂。在中国民族纺织工业挣扎图存的艰难处境中，裕华纱厂善于经营管理，精心理财聚资，不依赖外国银行，努力

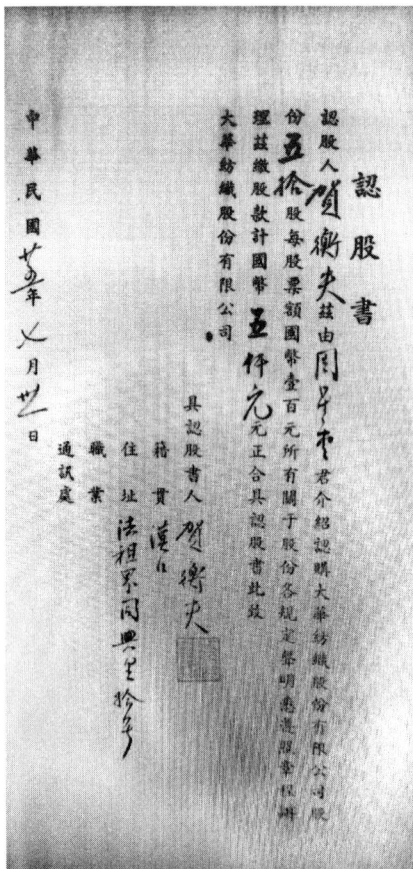

1936年贺衡夫认购大华公司股票的认股书

与日商竞争。他们派员到川、陕、湘等内地开辟供销市场，多方罗织人才，派员出国学习，从改进设备到研究原棉和纱布的性能入手，提高产品的竞争能力，在世界经济的风浪中站住脚跟。1922年徐荣廷、苏汰馀等人在河北石家庄建造纱厂，即大兴纺织股份有限公司。后来，武昌裕华纱厂改组，改为裕华股份有限公司。1936年，裕华、大兴两厂投资在西安合建大华纺织公司，从此造成武昌裕华、石家庄大兴、西安大华三大纺织企业遥相呼应的鼎立之势，逐步发展成为资本积累丰厚的裕大华纺织资本集团。贺衡夫加盟其中，成为主要股东之一。

武昌第一纱厂，是武汉首家由民族资产阶级创办的纺织工厂。民国初年，时任汉口商务总理的李紫云，邀约巨商程栋臣、程拂澜兄弟等人合股创建。1915年，武昌第一纱厂（北场）破土动工，位于武昌武胜门外，1919年正式投产。1923年增建南场。公司共征地300亩，设纺、织两厂，拥有纱锭8万枚，布机1 200台，工人几千名，成为当时华中最大的纺织厂。之后，武昌沿江一带又相继创办了裕华、震寰等纺织厂，标志着由民族资产阶级创办的武昌纺织基地的形成。但该厂从1919年开工时起就营业不振，逐年欠债累计达1 000万元，1936年被英商安利英等3家洋行以债权人清理接收。当时汉口大孚商业储蓄银行董事长黄文植正筹组复兴公司，通过周星棠、贺衡夫的介绍，与安利英等债权人洽谈，由复兴公司将一纱厂承租下来。租妥时集资100万元，其中黄文植股本8.4万元，贺衡夫等共投资20万元，余下由大孚银行股东的投资。黄文植任董事长，贺衡夫等任常务董事。复兴公司承租经营一纱厂后，对工厂进行整顿，很快使工厂有了起色，仅一年多时间即获利150万元。至1938年5月武汉战事紧张，工厂停产。

武昌一纱厂狮球图商标

大冶源华煤矿公司，是近代湖北煤炭工业的一所有影响的企业。近代湖北的煤炭工业发展要归功于清代后期的封疆大吏张之洞。1889年张之洞调任湖广总督后，主持兴建湖北汉阳铁厂和大冶铁矿等重型企业。炼铁需要铁砂和煤等原料和燃料，由此在大冶附近发现并兴建了中国第一个用近代技术开采的露天铁矿——大冶铁矿，以及大冶三石煤矿、道士洑煤矿、江夏马鞍山煤矿和江西萍乡煤矿。武汉也一跃而成为全国的重工业基地，同时也带动民族煤炭工业的开发，一些国内有影响的民营企业相继产生。1924年，大冶人柯润时集资铜元万串，在黄荆山南麓的柯家湾创办利华煤矿。随即，黄石地区煤炭行业处于三足鼎立局面，富源、富华、利华三家公司展开了持续两年的市场竞争。1936年7月，黄石煤炭行业开始自主重组整合，富源、富华合并成立大冶源华煤矿公司。不久，湖北资源委员会与湖北大冶源华煤矿公司合办成立辰溪煤矿公司，贺衡夫为董事长，总资本40万元。（《石灰窑区地方志》卷二十八，人物二）黄石煤炭也由此进入一个新的历史时期，最高年产量达到37万吨。当时黄石的源华、利华公司能排进全国前20名煤炭企业。

汉口商业银行，是20年代武汉一家颇有实力的银行。1926年8月，天津、上海、汉口的巨商章伯雷、胡筠等为发展工商实业、搞活汉口金融，依照商业银行章程，组织汉口商业银行，资本定额100万元，总行设在汉口英租界扬子街，但不久即停业。1934年7月该行资本重组，汉口巨商赵典之（赵焕章）、周星棠、贺衡夫创立新汉口商业银行，资本总额银圆100万元，于湖南街阜昌路转角处建成三层大楼，并成立董事会，推定贺衡夫为董事长，周星棠为总经理。汉口商业银行正式开业后，除经营一切银行业务外，并兼办储蓄与地产。（1934年8月《交行通讯》第5卷第2号）

贺衡夫以不断思变的商业头脑相继投资6家工业企业、4家银行，成为汉口有名的大实业家，由此也与各大工商业者有了广泛的联系和深厚的人脉。

商界领袖　尽心竭力

参与解决劳资冲突的调解工作

1926年10月，北伐军攻克武昌，全国革命形势出现重大转折。年底，国民政府从广州迁往武汉，遂将武昌、汉口、汉阳三镇合组为京兆区，定名武汉，作为临时首都，并成立武汉市特别政府。于是，位于内地中心的武汉成为全国革命中心。为适应革命形势的发展，中共中央的首脑机关也逐步由上海移往武汉，中共在武汉从事革命工作的重要活动家，如毛泽东、刘少奇、李立三、恽代英等人在武汉国民政府中以工会、农协等组织负责人身份担任重要职务，领导了工农运动和统一战线方面的工作。

此时，工人运动蓬勃发展，罢工浪潮席卷武汉各工厂。从1926年10月到1927年三四月间，武汉工人罢工达300余次。经济斗争是武汉国民政府时期工人运动的重要内容之一。这些斗争的矛头除了一部分直接指向帝国主义及其代理人外，大部分矛盾是在工人与民族资产阶级之间展开的。在当时的劳资之争中，因为物价上涨，工人生活水平下降，工人们的普遍要求是提高工资、缩短工时、改善对工人的待遇及劳动条件，还要求招工必须经工会介绍，辞退工人必须预先通知工会，并说明辞退理由。武汉工商界对此迅速做出反应。1926年12月3日，武汉各业商人万余人举行集会，以"征集劳资问题意见"为名提出了4条意见：一、工资必须逐步增加；二、工作日长度不应改变；三、对工人的待遇应根本改善；四、厂主店东有自行招收和辞退工人的权利。并声称准备为维护以上意见而采取最后手段（即罢市）。一些民族资产阶级和中小商人认为工人的经济要求过高，不愿接受工人所提条件。之后，部分工人又做出幼稚行为和提出过激要求，如发动过多的游行集会，随意抓人打人，绑人戴帽游行，提出算总账等超越实际可能的经济条件等，更加剧了资方普遍的不满和怨恨。由此，劳资矛盾更为突出。

贺衡夫从1923年起就担任汉口市油业公会理事长、汉口总商会董事及执行委员。他在当时的劳资之争中是处于风口浪尖上的。一天，中共派到武汉指导工人运动的刘少奇找到贺衡夫，劝导贺衡夫在行业公会中成立"改善工人生活小组"，替工人说话，贺衡夫表示同意。与此同时，为解决劳资矛盾，国民党汉口特别市党部会同全省总工会、汉口总商会、商民协会等先后组成解决劳资问题临时委员会及解决工商纠纷委员会，贺衡夫以工商业者代表身份参与其中，并出任汉口特别市党部劳资仲裁委员会委员。该委员会首先对几个主要问题提出了原则性的意见，一、关于工作时间，初步确定工厂的工作日为10小时，手工业作坊和商店不得超过12小时；二、关于招工和辞退工人的权利问题，工人有权通过工会与雇主达成各种协议，以维护劳动者的利益；三、关于提高工资问题，拟确定一个标准的工资水平。至12月25日，湖北省政务委员会公布了调整工资的标准。

但以上的意见只是原则性意见，具体落实起来还需做大量工作。因此，武汉地区解决劳资问题临时委员会还担负全省的劳资仲裁事宜，成为武汉当时最繁忙的机构之一。在这段时间里，贺衡夫按照这些原则意见，亲自调查本行业劳资矛盾状况，调解劳资纠纷，兼顾劳资双方的利益，尽力满足工人代表提出的提高工资、改善生活的要求，并协助办理各工商企业在1927年阴历的岁末年初时关于辞退工友、缩小营业以及亏本而欲收歇等具体问题。

据史料记载，至1927年夏季，工人们在斗争中提出的要求普遍得到实现和部分实现，大多数工人工资每人每月增加10元左右，少数低工资的工人提高了1倍或几倍；劳动时间一般缩短到10个小时，少数工厂实行了8小时工作制；废除了资本家、雇主任意打骂和开除工人的特权，争得了工人自由参加工会活动的权利。

1927年5月25日，由刘少奇起草的《湖北省工商联席会议宣言》在武汉公开发表，号召所有的工人和商人“平心静气解决相互间一切纠纷，建立巩固的工商联合战线”。5月28日，刘少奇、向忠发等人在汉口召开工商联合代表大会，并成立工商俱乐部，以进一步按照解决劳资问题的各项原则意见来处理工商间的一切悬案。贺衡夫亦应邀出席了会议。会后他在调解劳资纠纷机构中一直没有放弃自己应尽的职责。从局部现象看，以上为缓和劳资冲突的种种调解活动在短期内取得了一定的成效，对维护社会安宁方面也起到了积极的作用。

当选汉口市商会会长

武汉位居九省要冲，自古以来就为工商辐辏之地，在华中地区呈网状辐射的商路格局中居于中心地位。武汉商人团体的发展有极为悠久的历史，在明清时期来自全国各地的商民就在汉口建立了众多会馆性、行业性组织，如武汉菜面馆分会、汉帮理发公所、粮食行帮，以及各省旅鄂商务团体等，至清末增至200多个，但没有形成统一的商会组织。直至光绪二十四年（1898），张之洞在汉口始设立商务总局，以"启发商智，联络商情为要义"，办理汉口全镇华洋商务事宜。但商务总局仍系官办商务机关。这年夏季，张之洞委派王秉恩为商务总局总办，又邀各商帮选总董24人，分董36人，于是汉口商人有会议之处，开各省风气之先。这样，成立不久的官办商务总局即开始向民办商会过渡，而商务总局成为官商合办的组织。

光绪二十九年（1903）冬，清朝农工商部奏定《商会简明章程》规定："凡前经各行众商公立有商务公所及商务公会者，应一律改为商会，以归划一"。另，"汉口属于商业繁富之区，宜设立商务总会。"光绪三十一年（1905）夏，再任湖广总督的张之洞令商务总局筹设商会，派刘子涛为总理，邓季常为协理。原拟改商务局为商会，后未果。光绪三十三年（1907），赵尔巽任湖广总督，他认为，"有商会即不能有商局。商会者商人之事也，商局者官事也。官事妨碍商事"。于是，由汉口商务总局根据农工商部所订立的《商会简明章程》，邀集各帮商董，于当年十一月成立汉口商务总会，选举议董29人，公推熟悉商情、素孚众望者为总理、协理。全镇商务事宜，均归商务总会办理，裁撤商务总局。初时，商务总会设在商务学堂办公。光绪三十四年（1908）赵尔巽将汉口张美之巷城垣马路（今中山大道）西北官地300方拨给商务总会作为建筑会所之用。

《湖北通志》中关于1907年汉口商务总会成立的记载

辛亥革命后，农商部颁布《商会法》，汉口商务总会依法改组为汉口总商会，原总理、协理、议董更名为会长、副会长、会董。会址移至湖北路扬子街口。同时，汉口总商会召集各界商人筹集资金在总督拨给的地段上修建会所。1920年汉口总商会大厦（今汉口中山大道489号武汉市工商联办公楼）建成，于1921年元旦启用。由于地处市中心，这座具有现代风格的古典式建筑随即成为当时重要的政治、经贸、文化活动的首选之地。汉口总商会规模宏大，实力雄厚，所属行业公会和商家众多，已是具有全国性影响的商会之一。

1929年8月，南京国民政府颁布《商会法》及《工商同业公会法》，规定"总商会"一律改组为"商会"，以各同业公会及尚未组成同业公会的公司厂店为商会会员。汉口总商会经过筹备，于1931年2月改组成立汉口市商会（一般民众仍习惯称汉口总商会）。

民国时期的汉口市商会大楼

就在这次汉口市总商会改组时，工商界推荐贺衡夫为汉口市商会会长的呼声很高。贺衡夫从1923年起就以汉口油业公会和汉口市电料业同业公会理事长的身份参加汉口总商会活动，历任会董或委员。他熟悉时局，体察市情，商德高尚，团结助人，维护行业利益，善于解决劳资矛盾，热心公益事业，对国家及地方各项事务颇有建树和裨益，威望颇高，深得商界人士的广泛拥戴。选举结果，贺衡夫当选为总商会改组后的汉口市商会第一任会长。

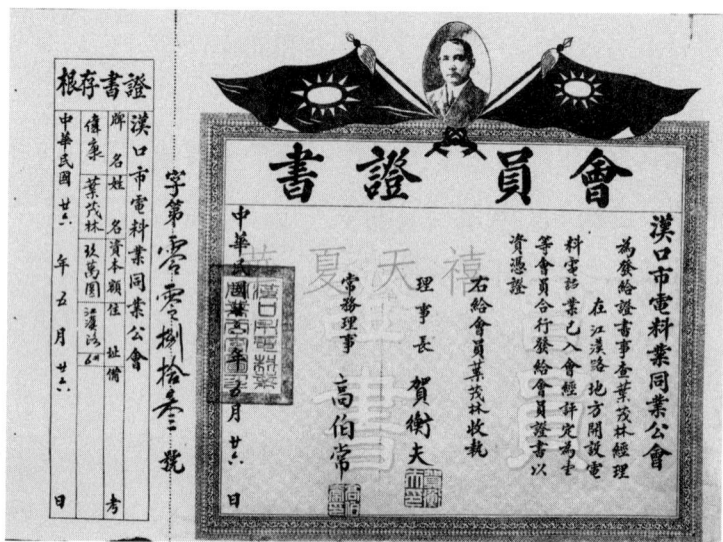

签有贺衡夫名字的汉口市电料业同业公会会员证书

　　贺衡夫当上汉口市商会会长（亦称主席）后，立足于工商界领导者的地位，尽心尽力为工商界服务，办事公正，使汉口市商会在联络工商界、交流商情、调处工商业内部纠纷以及社会救济方面的成绩出色，在武汉政治、经济生活中都发挥了相当大的作用，为促进工商业的发展做出了重要贡献。

在特大洪灾的日子里

　　1931年夏，武汉遭遇特大洪水灾害，长江、汉江同时泛滥。7月22日，洪水突破江汉关水位26.3米的警戒线。

7月29日晚至8月1日，汉口丹水池铁路堤和市内铁路路基堤先后溃决，汹涌的水势直冲市街，主要街道上水深三四尺，舟通里巷，低洼之处尽成泽国，"大船若蛙半浮水面，小船如蚁漂流四周"。据当时报刊概括受灾范围为"整个汉口、半个武昌、部分汉阳。"武汉三镇被淹42至100天，是自1870年以来全市第二次被淹没，受灾面积计321平方公里，受灾人数共78万余人，各种原因死于洪水者2万余人，被淹没住房4万余户。当年法国路透社称这次洪灾为"最近一个世纪所未曾有过的大惨剧"。

1931年水灾时的汉口市商会大门

1931年水灾时的汉口市商会

1931年汉口商埠区水灾场景

洪水中的汉口市政府（位于今民主街，前进一路与民意一路之间，1938年10月中国军队撤离武汉前将此楼炸毁）

汉口丹水池铁路路基溃决后，铁路以北无家可归的灾民大多栖身于汉口北面的主要屏障张公堤和市内铁路堤上。8月2日凌晨。市内慈善会后面的单洞门铁路堤坝溃决后，更多的灾民则困集于赫山、蛇山、龟山、梅子山、洪山等高地以及长江、汉水堤坡上蚁居栖身，风餐露宿。当时报刊对灾民的悲惨生活描述说："毒水浸，蚊蝇虐，露天眠，疾病魔，一日之间馒头两个，纵未溺死亦难免病死或饥饿"，形容灾民"鸠形鹄面，惨不忍睹。"又曰："市镇精华，摧毁殆尽，浮尸漂流，疫病流行，米珠薪桂，无食待赈者23万余人。"由于住处简陋异常，污水不能排出，灾民普患肠胃病，痢疾、疟疾、霍乱、伤寒等传染病迅速蔓延。至水灾结束，死于冻馁疫病者1.3万余人。

7月28日，湖北省政府召集各机关及工商界、银行界在汉口市商会开会，成立湖北水灾急赈会，由湖北省政府主席何成濬任主任，办公地点也设在汉口市商会。此前，汉口各界已成立急赈会，贺衡夫被推为会长。此时湖北省水灾急赈会成立，汉口急赈会并入，贺衡夫、苏汰馀任常务委员兼总务处正副主任，蔡辅卿、陈经畬为常务委员兼救济股正、副主任。省水灾急赈会常委会议决定：为划一事权，将难民收容所归入救济股办理；由银行界提供30万元借款作急赈之用，在银行界30万元借款未交付前，先由贺衡夫借垫5万元、苏汰馀借垫1万元，作临时急需，并立即开展工作。

另外，湖北水灾急赈会从8月12日起创办《湖北水灾日刊》，刊址也设在汉口市商会内。该刊是整个湖北水灾期间官方指导救灾工作的喉舌，每天出一期，一共出了110期，至11月29日停刊。它也成为后人了解和研究1931年湖北水灾的第一手完整资料。查阅该刊可以看出，湖北水灾急赈会几乎天天开会，贺衡夫每次都出席，提出每个阶段的具体救灾措施和汇报会议决议的落实情况，其工作作风认真、严谨、务实，令人钦佩。兹仅举《湖北水灾急赈会议第二次常务会议事录》一例，略见一斑。

《湖北水灾日刊》第一期，1931年8月12日出版

湖北水灾急赈会议第二次常务会议事录

日期 七月三十日午后五时

到会委员：何成濬 贺衡夫 马登瀛 岳绥廷

陈经畬 俞重威 闻钧天 左 铎 苏汰馀 朱怀冰

主席：何成濬

列席：陈廷英

记录：田钜源

报告事项：（略）

讨论事项：

（一）贺委员衡夫提议组织临时救护队设法

施行附近急赈案决议通过

（二）主席提议筹赈办法：

（1）全省官吏按级捐俸助阵

（2）中央税收机关及铁路局附征赈款

（3）汉口抽半个月房捐助阵

（4）武汉各善堂就原有财产收入酌量拨款助阵案，决议除善堂随时各就该地区内尽量施行补助外，余由筹赈股拟具办法次第施行

……

（三）蔡委员辅卿拍照灾区照片案，决议由调查股负责办理

（四）贺委员衡夫提议应指定收支赈款负责人案，决议本会收入赈款归筹赈股主办，支付赈款归救济股主办

（五）贺委员衡夫提议公推委员一人代主席判行日常文件以期迅速而免停滞案，决议推朱委员怀冰

（六）朱委员怀冰提议决定本会办事时间各股应指定专人无分日夜驻会负责办公案，决议由总务股拟定办事细则提会决定

水灾期间，汉口市商会商借市内各大建筑物如新市场、怡和洋行以及各慈善团体、各同乡会，陆续设立80多个收容所，收容邻近各县流入武汉的灾民计30万人。商会还发动这些机构每日供给灾民馒头、面包、粥等充饥。同

时指定各团体对未入收容所之灾民，划分地段每日发给口粮。市内积水过深，为免灾民涉水失足，增加义渡船数十只。由于水管龙头淹没，市民饮水困难，就又备渡船数十只，载运清水分途施送。对无人认领的浮尸，则施棺掩埋。还雇用小轮船并购买车票，将湖南省的灾民和本省黄陂的灾民运送回籍。

商会及各慈善团体向难民收容所的灾民分发馒头

为保障市民生活，稳定秩序，汉口市商会明令各米粮店严禁高抬物价，每石米粮的市价按15.5元售卖，并派人到湖南、江西、上海购米运汉。动员经营生活日需的米、面、油盐、干菜等商店，用划子串街走巷，上门售货。令各典商对于典当之衣物，自7月30日起一律展期3个月赎取。同时，汉口市商会还向各面粉厂、油厂借麻袋10余万条，向各业募捐100余万元，交由水灾急赈会使用。汉口市商会并向全国通电呼吁赈济，得到上海工商界运来面粉1万袋、旅沪湖北同乡会汇款1万元，以及其他单位的赈款70余万元。

与此同时，贺衡夫还积极争取国际社会对汉口水灾的救灾援助。1931年8月28日《湖北水灾日刊》刊登《美国红十字会拨美金十万元来鄂赈灾》的报道，详细记述了此事。

本年8月13日汉口总商会主席贺衡夫君，会同福中公司徐维荣君，至美国驻汉总领事署，访总领事欧敦司君，详述湖北水灾为患之广，以及人民受极大之苦难。贺君又言，此次灾难之重，武汉人民财力，诚恐不足以应赈济之要求，因此须向中国他处以及外洋求援。又问此次能否请求美国协助，欧总答以美国对于全世界之经济不振，无不深知。其本人对于长江流域一带之人民，因此奇灾所受痛苦如是之重，亦深表同情，并确知美国政府及人民对于此次灾情，也莫不表示同样之好感（感受）。欧君随（遂）许以贺许二君之提议，电呈本国国务院，转达美国红十字会核办。并许在呈文中将此处惊人灾害之广大，从重陈述。美国红十字会对此次灾情所需巨额之款，虽不便担负责任，然为拯救灾黎表示同情起见，又以武汉为人民受灾最重之中心点，业已筹拨美金十万元，照现在银价计算，合计银洋四十五万元之谱，以为武汉急赈之用。此款一俟美国总领事与地方赈灾团体商榷办法后，即可作用。

不久，商会便接到美国红十字会拨款美金10万元及其他部门的捐款。应该说，在当时急需救灾资金的时候，此款起到了一定的救急作用。

灾后的重建工作

　　水灾过后，于同年11月11日，湖北水灾善后委员会举行成立大会，推举何成濬等21人为执行委员，贺衡夫为执行委员之一。贺还任筹办股主任和筹募股副主任，负责募集灾后救济款，以及会同总务、赈务、工务三股评定分配方法。这一阶段何成濬，曾邀请贺衡夫一起到长江边视察水势回落情况，拟筹建汉口沿江的水泥大堤。贺衡夫遂多次陪同他前

何成濬（右四）等人在长江边视察水势跌落（左一为贺衡夫）

往。何成濬早年曾留学日本陆军士官学校，与蒋介石同窗。民主革命和北伐战争时期，他是孙中山和黄兴的战友。1930年"蒋冯阎中原大战"时期他是蒋介石的得力助手，对蒋忠

诚，深得蒋的信任。但武汉被淹时，地方政府事先并无防范，在汉口丹水池铁路堤溃口的那天，何成濬正在既济水电公司刘经理家打麻将，受到社会舆论的谴责。贺衡夫对此事极为不满，何成濬也深为自责。他向贺衡夫说明，希望省政府与商会、省水灾善后委员会很好协作，及早修复水毁的江河干堤。贺衡夫表示一定尽力而为。

接着，国民政府救济水灾委员会依照水系范围大小及灾情轻重，将苏皖赣鄂湘豫各省划为十八区，各设工赈局，负责灾后事宜。此时，由美国教会及国际人士组织的华洋义赈会成立，大家推举贺衡夫为主任委员。实行以工代赈的形式，修补武汉附近县乡防水大堤，即出工的受赈济者可获得劳务报酬，以此取代直接救济的政策。可谓筑堤救灾，一举两得。至1932年，武汉境内重建水毁设施工程陆续完工，培修加固的堤顶高度达到与1931年洪水高度齐平，灾民逐渐重返家园，恢复正常生活。

当时汉口市商业不振，资金周转呆滞，贺衡夫遂与金融部门商议放宽贷款办法，凡以货物作为押款的商家，允

灾后修建水毁大堤的民工

许对其充分接济，并在银行指定仓库用以堆货，尽量维持其经营。贺衡夫还提出私人存款20万两银子交钱业公会投入各钱庄转贷放款，搞活了当时的市场经济。

在武汉大水的一百多天里，贺衡夫全面主持汉口市工商界的赈灾救济工作，事务繁杂、重担在肩。他研究制定救灾措施，筹措经费，布置发放救济金、施粥、收容难民等工作，日夜操劳，事无巨细，任劳任怨。然而，令他最为悲痛的是，在这次水灾之后，他失去了最亲近最尊敬的人，就是与他一起白手起家、同甘共苦的四哥。在水灾期间，兄弟俩在炎日下坐小船到街上赠发米票救济灾民，四哥有时还蹚水过街，不幸腿部受伤后感染，久治不愈，终于离开人世。贺衡夫为他举办了隆重的葬礼。回想当年商会改选时，很多商界人士极力推荐贺衡夫当选会长，他为此征求兄长们的意见。四哥深知七弟有热心为桑梓服务的秉性，表示支持，并笑着说："你当会长，每年要花去自家两万现洋，或许以后我可以落得一个好丧事。"果然此话言中。他的四哥灵柩出殡时，所经之处万人空巷，沿途摆满路祭，盛况空前。这实际上是工商界及民众对贺衡夫热心为民服务的褒扬。

兴商学、启商智

1933年汉口市商会换届选举，陈经畲担任商会会长，贺衡夫为副会长。陈经畲也是一位很有革新精神的工商界领袖。贺衡夫配合和协助他的工作为商会服务。

汉口市商会十分重视工商界人才的培养。商会的各位领导在创办和经营企业的过程中都深感缺乏业界人才，尤其是有知识、有道德、有才能、有远见的全面人才。而我国民族工商业要立于世界民族之林必须依靠自己培养出来的人才。归根到底，国内外商品市场的竞争是人才的竞争。正如清末民族工业的代表人物张謇所言："苟欲兴工，必先兴学"，"有实业而无教育，则业不昌"。用贺衡夫的话来说，就是要"兴商学、启商智、开商战"。1933年7月28日汉口市商会常委会议决定，开办补习夜校1所，专收各业商号店员或学徒入校补习，培植新式簿记及会计人才。推举商会常委曹延祥兼任校长。9月1日考试，第一期录取学生两班共104名，9月5日开学。1934年春季添招新生两班。其课程为商业簿记、商业概论、商业算术、国文、英文等，每周授课14小时，一年毕业。

1934年春，商会会长陈经畬首先提议创办商业职业学校，以造就商场实用人才为目标。为求速成，拟改部定初中三年毕业制为二年，教授科目强调实用效果。入学资格是具有完全小学毕业或相当学力，年龄在12岁以上、16岁以下的少年。学校不收学费，毕业后由商会酌量介绍给各业商店充当练习生。原有补习夜校同时进行。1934年2月19日委员会议正式通过创办汉口市商会商业职业学校，推举陈经畬兼任校长，推举工商界人士15人组成校董会，贺衡夫为校董之一。商业职业学校第一届招生一年级学生83名，课程为国文、公民、英文、体育、商业道德、商业簿记、算术、商业概论、商业地理、商业历史、银行簿记、法学通论、商法、银行学、保险学、汇兑学等，每周授课36小时。1935年春季已办成有一上、一下、二上、二下四个班的规模。从这年暑期起，每半年即有一班毕业。然而由于两年的学制，毕竟是短期，学生最终难有优良成绩。况且原来招生定为高小毕业程度，学生国文基础不够扎实。为弥补这个不足，学校又开设预备班。预备班课程为国文、算术、英文、历史、地理、中式簿记、珠算、公民、自然、卫生、体育、习字等，每周授课30小时。凡预备班毕业学生方可升入商科。商科班课程未改。嗣后招生与毕业均为一年一次。

汉口市商会也十分重视商业理论的研究。1933年8月，汉口市商会委员会议通过创办《汉口商业月刊》的决议，推举常委苏汰馀主办，延聘专人担任编辑。1934年1月创刊，每月1期，16开本，为武汉工商界共同探讨工商理论与技术之园地，以及有系统的调查统计、国内外经济情报、商品市况、经济图表、工商法规、专载、选载等资料汇集。武汉及各省商埠和国外侨商均有订户，誉之为华中唯一之商业经济月报。出至第2卷第12期即暂行停刊整理。1936年6月恢复，继续发行新第I卷第1期，至1938年3月新第2卷第10期时，因纸价飞涨，经费困难，停止发行。

30年代汉口市商会创办商校、商刊在全国很有影响，为武汉地方商业经济发展起到十分重要的作用。

贺衡夫在担任汉口市商会领导职务期间，重视社会教育，与教育界人士多有往来，当时湖北著名教育家陈时即是他的朋友。陈时（1891—1953），湖北黄陂人。1907年赴日本留学，在日本加入同盟会，获日本庆应大学法学士学位。

其父陈宣恺创办了中国第一所不靠政府和外国人出资的私立大学——武昌中华大学。陈时学成归国后，父亲去世，他继任武昌中华大学校长。他将中国古代兴办私学的教育传统和近代日本、欧美大学体制相结合，开创出符合近现代中国国情的高等教育模式，培养了众多国家栋梁人才。中国近现代的政界、军界、学界、思想界的著名人物，如中国共产党著名政治活动家、早期青年运动领导人恽代英，长征时任红四方面军政委、《俄华词典》编译者陈昌浩，原厦门大学校长、《资本论》翻译者王亚南，中国作家协会副主席、著名诗人张光年（光未然），以及为争取中国人民革命事业胜利贡献了宝贵生命的施洋、林育南等革命烈士，都吮吸过中华大学的文化乳汁。著名社会活动家钱亦石、武汉市市长刘文岛等都曾在中华大学教过书。陈时矢志教育，艰苦办学，为贺衡夫所敬佩。当中华大学需要教育经费时，贺衡夫毅然将自己在金融业和工业企业赚的一部分钱用于支持教育事业，帮助中华大学为国家培养人才。30年代中期，中华大学组织校董会，聘请贺衡夫出任校董。一次，中华大学的一位教师家庭生活困难，通过熟人的关系跑到商会去借钱，贺衡夫问明情况后，便把钱借给他，帮助他渡过难关。抗战期间中华大学迁到重庆办学，贺衡夫仍继续筹款给予财力资助。

武昌中华大学旧照（原校址位于今湖北中医学院内。该校在1952年和1953年被拆并到华中高等师范学校、中南财经学院、武汉大学）

热心慈善和公益事业

行善事回报社会

民国时期，武汉三镇的社会救济事业主要指救济院所、收容遣送、灾害救济等，是由地方慈善团体和政府当局举办，而以地方慈善团体为主。在地方慈善团体中，设置广、规模大的又首推善堂。据1931年统计，当时三镇的善堂有122家（汉口47家、武昌46家、汉阳29家），居全国都市之冠。善堂多为地方商绅、官员捐资兴办，一般置有地皮、房产，靠出租收入维持。其善举项目由初期的救火、救生、施棺收埋、扩大到兴办义学、施药、施粥、施衣等。汉口各善堂又有联络组织，即汉口慈善会，设立于城垣马路外（今中山大道市一医院附近），并办有孤儿院。

贺衡夫出身贫寒，他与兄长们共同经营油行致富后，生活仍很俭朴，一生不忘贫贱，却心系穷苦民众，并将所赚的钱部分用于回报社会。他奉行的人生信条是："穷则独善其身，达则兼济天下。"凡社会救济之事，他都热心投入，带头解囊。从1917年开始，各类慈善团体都推选他担任负责人。这些慈善团体有的是由他发起的，有的是他被邀请参加的。慈善团体的经费有的全部是他捐助，有的是他捐助一部分，其余的由他出面劝募。贺衡夫也是30年代汉口慈善会的理事之一。在汉口市民的印象中，他是一位工商界巨子，但更多的人把他当做大慈善家。

民国时期武汉道德善堂成员合影（前排右五为贺衡夫）

民国时期的汉口慈善会（今中山大道市一医院附近）

1925年，山西阎锡山老家地区发生干旱，饥民载道。汉口红十字会组织救灾团，由第一救护队队长李蒙端领队，与贺衡夫一起到那里去救灾，准备带200多名童男童女回武汉，被阎锡山扣留了。其中有一武官认识李蒙端，将误会解释清楚后，阎锡山摆酒席欢送他们。回汉口后，汉口红十字会给带回的童男童女们安排生活，做衣服，教他们学习。1928年，陕西和山西两省发生严重旱灾，贺衡夫与汉口市总商会常务理事萧纯卿各自捐助数万元，并不辞辛劳，前往灾区，亲自发放到灾民手中。

20世纪20年代，汉口流行西商跑马场"香槟票"，即英国人主办的汉口西商赛马体育会（通称西商跑马场，今汉口解放公园）印发的一种彩票，其票券交由本市或外埠各俱乐部纸烟店或本市经纪人计售，票面价2元或3元，其头奖有时高达数万元，有时少则也有数千元，中奖机会只有万分之一。有一年赛季，衡夫买了一些香槟票，竟中了头奖，得奖金3万银圆。他除了拿出极少数的钱请客外，余下的全部以"乐善记"户名存入衡昌油行，所有本息都作捐助慈善事业之用，最终结算还超支了1万多元，仍然由他支付了。

筹办水灾临时孤儿院

据史料记载，在1931年武汉水灾期间，"父母死散无家可归的孤儿至少有六千多。"贺衡夫对这大批孤儿的生存和生活给予极大的同情和关怀，倾力相助，充满爱心，至为感人。

这年12月，正值冬季，许多孤儿食宿无着落，实为可怜。贺衡夫作为湖北省水灾善后救济委员会的执行委员，与商会常务理事陈经畬一道先从水灾救济会中拨款，继而亲自出面联系各地方慈善团体和学校开展捐助活动。他们在武昌胭脂山上搭席棚3间，作为收养水灾孤儿的临时场所，实收518名孤儿，其中男孤儿258名，女孤儿260名。每日供应两餐饭食，发给衣被鞋袜，并请医生为患儿治病。至次年9月，这所水灾临时孤儿院妥善安置了333名孤儿，被领回者41名，被领养者7名，病故10名，余下孤儿转至汉口慈善会孤儿院收抚。

设立于1916年11月的汉口慈善会孤儿院，在民国年间是一所很有规模、很有名气的孤儿院，孤儿人数多时达数百人。内设小学和工场，孤儿半天读书，半天劳动，教学采用初等教育课程，劳动分织布、织带、藤编、木器和活字印刷等科。1932年9月，由于水灾临时孤儿院的条件较差，贺衡夫决定停办该院，经过多方奔走联系，他与汉口慈善会孤儿院协商，提出将水灾临时孤儿院并入汉口慈善会孤儿院。双方商妥合并后，此时的汉口慈善会孤儿院人数达到346名。为了解决资金不足的问题，10月，慈善会向社会募捐12万余元进行扩建，并购置房屋和土地，靠赁金租谷提供常年支出。为此，孤儿院设立董事会，由贺衡夫任董事长，陈经畬、刘歆生等任董事，共21人组成董事会，推陈经畬为院长主持院务。此后孤儿院继续坚持对孤儿们一面施以文化教育，一面教以生产技能，培养了众多对社会有用的各方面人才，得到武汉人民的赞许。

1938年9月，由于武汉战事吃紧，汉口市政府下令迁院，但未给迁院费。贺衡夫等向社会呼吁，得到汉口金融界23家银行资助，全院师生才得以迁往四川万县。直到1945年抗战胜利，孤儿院迁回武汉，仍由陈经畬兼任院长。院内办有小学，还收留附近百余名贫苦儿童免费走读。因院方经费短缺，贺衡夫、陈经畬等又向商户和慈善人士劝募得到一批房地产。这个孤儿院一直办到武汉解放后，才由武汉市救济分会接收。

从1931年至武汉解放初期，在那个战乱的年代，近20年中孤儿院收容了数千名孤儿，使他们得以生存和生活。这期间贺衡夫付出了大量的心血和汗水，为筹措资金、征购房地产、扩建房舍、维持院内日常开支，不辞劳苦，宵衣旰食。孤儿院的事情已成为他从事慈善事业的一个重要部分。他在新中国成立后填写的履历表中，其工作职务一栏，仅填写"孤儿院董事长"一职，可见他把这份职务看得比在工商企业中所任的各个职务都重要。

做好事为人民谋福祉

1932年11月，29岁的吴国桢出任湖北省政府委员兼汉口市市长。上任伊始，吴国桢首抓市政建设，对中山公园进行扩建改造。在1927年以前，汉口没有现代化的大公园。1928年夏初，前任市长刘文岛曾将直系军阀吴佩孚时期的直豫鲁同乡会的地皮及吴的私人花园"西园"合并修建公园，派英国留学归来的建筑工程师、吴国桢的哥哥吴国柄负责修建。1929年6月，因经费困难，公园仅初具规模，部分竣工后便先期对外开放。同年10月10日辛亥起义纪念日正式对外开放，并命名为"汉口中山公园"。1931年汉口洪灾，中山公园被淹没，后仅存湖山和游泳池的平台。为此吴国桢成立扩建中山公园董事会，以汉口青年会总干事宋如海任董事长，商会会长贺衡夫等社会名流为董事。贺衡夫十分支持这件事情，并在汉口市商会中发动商界人士大力出资，筹得大量资金，交给扩建中山公园董事会。此次，建筑工程师吴国柄仍被推为工程总负责人，主持整顿和修建。至1934年已完成原有设施的修复，并新建了张公亭（为纪念张之洞所建）、湖心亭、水阁、罗马式建筑"四顾轩"及钢筋水泥桥（今落虹桥）等。经扩建的中山公园大门仿英国白金汉宫式样建造，富丽堂皇。公园内设运动场、游泳池、动物园等。公园面积比原来扩大了一倍多，是当时长江流域最大的城市公园，为汉口的城市

中山公园大门旧照

建设及人民的休闲娱乐生活做了一件好事。

　　1935年7月，长江、汉水洪水暴涨，钟祥以下、汉江南岸各县大堤亦相继崩溃，荆门、潜江、沔阳、汉阳等县全都被淹。汉口市长吴国桢和警备司令叶蓬亲自带领市府公务员和士兵日夜在堤上巡视检查抢险。他们打赤脚、披蓑衣，哪里有险情就往哪里跑，不敢有一点怠慢，十几天未下堤坝。这次大水汉口能在高水位下保存下来实属不易。市长吴国桢因指挥得当，考虑周密，率领全市人民防洪有功，受到新闻媒体和商界的广泛称颂。而武汉警备司令叶蓬率领士兵上堤抢险，自恃有功，因未见报上表彰，十分愤怒。贺衡夫邀集商业界、实业界、金融界知名人士特制一块"中流砥柱"金匾，敲锣打鼓送给了叶蓬。叶蓬在武汉沦陷后当了汉奸，此是后话。

　　30年代中期，贺衡夫与五哥在智民里与天津路出口的旁边，共同新建了一处公馆，起名"怡庐"，又名"竹庄"。"竹"字寓意两个人，"怡庐"寓意兄弟和睦。"怡庐"内共有6栋三层楼的新式房屋，均用深灰色砖砌筑，高大宽敞，室内装修高档，在当时无论是房屋结构、造型，还是工程质量以及适用性等均可称优秀建筑。其中两栋为中式石库门建筑，由贺衡夫及家人所住；另四栋为西式建筑，为五哥所用。抗日战争爆发后，贺衡夫曾将"怡庐"提供给汉口红卍字会使用，救济难民和灾民。

　　作为工商业者，衡夫始终不是一个孜孜图私为个人及子孙致富的人。他常对子侄们说："我这些年来是赚了一些钱，但这些钱都不能算是我的。我是取之于社会，将来还要用之于社会。我要把钱为社会谋福利，你们不要抱有任何指望。我若把钱留给你们是害了你们，你们要自己努力。"在当地老百姓中，衡夫在工商事业上的经营成就是大家所称道的，但他们更赞扬他乐善好施、扶贫救困的赤子之心。

今日天津路上的"怡庐"公馆遗迹

抗日救亡　力赴国难

向国联调查团陈述民意

　　1931年9月，武汉大水刚刚消退，就传来了九一八事变的噩耗。沈阳城仅一夜之间即被日军占领，之后在短短三个月时间里，日军进犯辽宁、吉林、黑龙江，我国东北的大好河山全部沦陷。日本侵略者在中国的土地上横行霸道，无恶不作，激起了全国人民的反日浪潮。武汉及各大城市一样，把民族危亡问题提到首位，虽然大水带来的灾祸还没有完全消除，武汉人民就掀起了抗日救亡的热潮，各界群众纷纷举行集会游行。汉口市商会在贺衡夫及常委们的组织下，一方面请愿要求政府出兵抗日，一方面自发地抵制日货，向社会公开表示："誓不买卖日货""查禁封闭日货""拒收日本钞票"，主张对日经济绝交。

　　九一八事变后，中国政府提出建议，要求组成国联调查团了解事变真相，希望借国际上的干涉来遏制日本节节进逼的侵略野心。所谓"国联"是国际联盟的简称。这个松散的国际组织是1920年1月成立的，总部设在日内瓦。它宣扬的宗旨是"维护国际和平与安全"。当时有英、法、德、日、中国等60多个国家加入。美国虽然没有加入这个组织，却能对它施加影响。1931年12月10日，国联通过决议，宣布派一个由五国组成的代表团到中国做实地调查，中、日两国各派一名陪查员同往。1932年1月14日国联委任英国李顿爵士、法国克劳德中将、意大利阿尔特洛万第伯爵、美国麦考易少将和德国希尼博士组成调查团，以李顿为团长；中、日两国分别派顾维钧、吉田伊三郎为陪查员，不久就开始对日本和中国的调查之行。

1932年李顿调查团下榻的德明饭店（位于汉口蔡锷路口、胜利街与中山大道交接地段，为当时汉口租界内最豪华的酒店）

国联调查团在结束了对日本、上海、南京的调查后，由南京乘英商怡和公司的轮船西上，于1932年4月4日抵达汉口，下榻于汉口德明饭店。该团在汉期间分别约见旅汉日侨和其他外侨以及武汉各界代表。时任汉口市商会会长的贺衡夫偕同前任会长周星棠和翻译人员，应邀前往交谈。他代表武汉工商界向国联调查团陈述"维国权、护民益"的意见，驳斥日寇的荒谬宣传。贺衡夫后来在20世纪60年代回忆这次交谈的情况时说：

当该团约我们工商界代表前住交谈时，事先我们是经过一番考虑和安排的。除了我和周星棠等（记得还有一二人，记不清是谁）是商会的负责人，为当然的代表外，并特邀福中公司（经营桐油出口生意）经理徐维荣为市商会的代表一同前往。我们作如此的安排，系因徐维荣会英语，有他一同前往，有助于我们了解在不同语言交谈中的真实情况。集齐前往后，先由顾维钧博士接见，他介绍了一下国联调查团来华的任务，说是为实地调查日本侵略我国的真相。该团约你们交谈，是为听取你们工商界的意见，你们有什么说什么，尽量地把你们汉口工商界的意见表达出来。顾维钧博士对我们讲上述的一些话时，那时的湖北省政府主席何成濬也在座。

随后我们会见了李顿爵士，谈话的时间约莫有几十分钟。谈话的内容，我们在交谈之后，记得曾作了一个谈话记录稿，复写出来送了一份给何成濬。这个记录稿，手中早已无存，现时隔30年，回忆当时在交谈中的一问一答，谈得很多，因年老健忘，只能回忆出几点大意。

由于国联调查团到达汉口，是来自京沪，

它每到一地，必向侨居中国的日本商民和日本领事馆进行调查访问。有侵略野心的日本帝国主义者，蓄意颠倒是非，歪曲真相，把中国人民激于爱国热忱，反抗侵略，张贴的爱国宣传的红绿纸标语，预先撕下藏起来，拿给国联调查团，说成是中国人的反日运动。所以李顿团长开始和我们谈话时，心中就先有这个印象。他一开始就问了几个问题："你们工商界对九一八事件有什么意见？""九一八事件是你们贴红绿纸标语，宣传反对日本帝国主义、对日经济绝交等惹起来的。""你们中国与日本订有通商条约，为什么又违约抵制日货呢？"

我们当时的答话，现在凭我个人的回忆，大意为下面几点：

第一，日本利用欧洲大战的机会以扶植军阀袁世凯做皇帝为条件，诱迫他签订密约"二十一条"来奴役中国，我们怎么能不起来反对它呢？第二，我们的国民政府，为了肃清军阀割据的局面，誓师北伐，统一中国，而日本军竟然在济南制造惨案，阻止我们的国民革命军北伐，我们怎么能不反对它呢？第三，东三省是中国的领土，已经统一在国民政府领导之下，日本为了实行"田中奏折"侵略中国的阴谋，制造地方事端，借故由北大营出兵侵占沈阳，随即扩大侵略，侵占了我们的东三省，我们工商界当然是和全国民众一样地万分愤慨。第四，我们做生意的人是讲和气的，对我们中国人是这样，对外国的商人也是这样，但是日本人平时在往来贸易上，往往恃势压迫占便宜，我们为了通商忍受了。现在他们这样地侵占我国领土，欺负我们，已到了忍无可忍的地步，怎么还能同它通商呢？我们抵制日货，这是很自然的。

贺衡夫与国联调查团的这份谈话记录，后来形成书面意见书，面递国联调查团。民国时期著名的新闻记者陈觉在1932年后陆续刊行的《九一八后国难痛史资料》一书中有明确的记载：

> 汉商会贺衡夫5日以书面致调查团：（一）中国民性酷爱和平；（二）抵制日货系由日武力侵略者起，并无排外事，且举历来国际贸易，输入每超输出数倍为证；（三）希望国联立使日本抛弃侵略政策，中国立可恢复亲善。

国联调查团离汉后，又到天津、北平、沈阳等地进行实地调查。各地各界代表都从不同角度、不同层面向国联调查团陈述了中国人民反对日本发动九一八事变的严正立场，列举了日本侵略者的各种罪证。这些书面意见和列举的日本侵华罪证为李顿调查团做出调查结论提供了重要证据。1932年10月李顿调查团形成了《国联调查团报告书》，其结论是"九一八事变不能认为是日本合法之自卫手段"，也否认了伪满洲国。这份报告发表后，日本帝国主义武装侵略中国东北的强盗行径受到全世界舆论的普遍谴责。1933年2月，国联召开特别大会，以42票赞成、1票（日本）反对通过了《国联调查团报告书》。日本恼羞成怒，宣布退出国联。

国联调查团到中国实地调查是中国外交史上的一个重要事件，贺衡夫为在这个事件中尽了中国商界代表的一份责任而感到欣慰。

誓作后盾 支援抗战

1933年3月，国民革命军（东北军、西北军、中央军等）在长城的喜峰口、古北口等地浴血奋战，顽强抗击侵华日军的进攻。汉口市商会接到前方抗敌将士的来电，急需衣裤鞋袜。此时汉口市商会主席陈经畬、副主席贺衡夫等当即向各业公会筹募，并将征集和采购的1 000余件物品推派委员运往北平转发。同年，汉口市商会捐款订购高射炮2尊、装甲车2辆，送交汉口地方部队。

1935年春，又值汉口市总商会改选，以经营钱庄起家的"江西帮"巨商黄文植，曾为冯玉祥筹措军饷立过功，经陈经畬极力推荐第二次当选为汉口市商会主席，贺衡夫仍为副主席。贺衡夫一如既往积极协助黄文植做商会工作。其间，黄文植参加南京行政院代理院长孔祥熙组织的赴日经济考察团，出国考察，回国后，黄又被聘为国民经济建设委员会委员及冀察政务委员会参议。故商会的领导事务多交贺衡夫等人担当。1936年，日军增兵华北，到处举行军事演习，不断向中国军队挑衅。为了鼓舞中国军队的士气，汉口市商会又一次发动各业公会捐款，募得29万余元，转解中国航空协会购买飞机两架，命名为"汉口市一号"和"汉口市二号"。1937年2月，汉口市商会又将各业捐款的3万元拨交汉口市"国民贡献一日所得运动委员会"，以资抗战经费。

30年代初至全面抗战爆发前，随着南京国民政府发动的"国民经济建设"运动的兴起，中国民间商业团体及代表人物开展了对外经济交流活动，并被纳入了协助、配合政府外交之轨道。1931年5月，中国商会正式成为国际商会成员。此后中国商会与国际商会间互访交流活动频繁。1935年，美国远东商务考察团来汉口，汉口市商会由贺衡夫出面接待，陪同参观汉口的一些工商企业。期间贺衡夫向美国远东商务考察团表达了中国"联美制日"的主张，希望加强中美商务合作交流，拓宽世界市场，互惠互利。

1935年美国远东商务考察团拜访汉口市商会时宾主在商会大楼前合影（前排右二为贺衡夫）

1937年春，汉口市商会又一次改选，贺衡夫因在1936年当选为汉口市的"国大代表"（此次国民大会没有召开），不参与商会主席的竞选，黄文植乃第三次当选汉口市商会主席。

1937年"七七"事变发生，驻华北的日军在北平西南的卢沟桥向中国军队发起进攻，中国守军被迫还击，全国性抗日战争正式爆发。汉口市商会致电卢沟桥抗日将士，表示国难当头，誓作后盾，以鼓舞军心。7月13日又召开执监委员临时会议，通电全国各地商会支援前线，望各尽其力之所及，共赴国难；电请平津将领"能平则和，不平则抗"，并当即筹集捐款2万元，先行寄至前方慰劳将士。同时，汉口杂粮油饼业拒售粮食资敌。

8月10日，汉口市商会再通电全国各商会，表示誓为抗敌将士后援的决心。其文词恳切，感人至深。全文如下：

上海全国商会联合会、上海市商会、南京市商会、北平市商会、天津市商会、青岛市商会、广州市商会、各省商会联合会，并转各县、市商会均鉴：

报载日军在卢沟桥挑［衅］事件，再接再厉，业已证明，其出于预定计划，必欲以武力占领我华北而甘心。连日以来，虽赖我驻军誓死抗战，敌未得逞；然调集师团，着着进逼，形势极为险恶，决非和平交涉不能恢复其常态。则我中华民族，在此存亡呼吸之间，举国上下，应即一致奋起，本生则同生、死则同死之精诚团结，为我前方守土将士之后援。溯自"九一八"国难发生以来，我中央政府为维持东亚和平起见，始终欲以同文同神共存共荣之正义人道，期其反省自觉；乃彼狼鹜成性，悔祸无心，至此已忍无可忍，避无可避之余地矣。窃以国于天地，必有与立，与立者：民族精神而已。宁为玉碎、毋为瓦全，古训昭垂，可资殷鉴。前敌将士，既已粉身碎骨而不辞，而我后方民众，宁忍逸居安食，坐待灭亡。《传》曰："皮之不存，毛将安傅"。减衣缩食，亦是以弥补军需；自力更生，使金钱不致外溢。庶免敌人吸我膏血，转以制造利器栽（斩）杀我同胞，御侮救亡，责无旁贷。作弦高之犒劳，效卜式之输财，各尽其力之所及，共赴国难；裨黄炎嗣续，不致由此而斩。临电涕零，泞候明教。

汉口市商会暨本市各业同业公会叩同
一九三七年八月十日

汉口市商会还召集各业负责人开会决议，对已经订购之日货，牺牲订款，与日本断绝往来。随后，市商会又成立提倡国货专门委员会，组织查禁日货，制定《取缔仇货办法》六条，严格监督，加强缉私。各有关商店限期封存日货，并由同业公会和商会加贴封条，造册备案。

"八一三"淞沪会战时，中国军队团结一心，以血肉之躯坚持了长达3个月的对日阻击。汉口市商会通告全市工商界劝募捐款，输财救国，响应热烈，很快募集22万余元支援上海。其中，国际贸易业商人李锐捐2万元，黄文植经手捐集5万元，复兴纱厂捐5万元，裕华纱厂捐3万元，申新纱厂捐2万元，大成纱厂捐1.5万元，民生纱厂捐1.5万元，福新面粉厂捐1万元，工商界人士徐荣廷捐1万元。

1937年9月，战争日益激烈，经过武汉的过境军队和前线来汉就医的战士很多。汉口市商会组成工作团，专门进行慰劳事宜。天气渐冷，伤病兵员、防空哨兵和来汉难民需要御寒被服。汉口市商会还就御寒被服问题召开大会，通过征募寒衣和捐款办法，向各业公会摊募数额，所收捐款和实物均汇送征募委员会转发。

1937年秋，国民政府发行救国公债。汉口市商会召开大会，要求汉口104个同业公会共摊认公债111.2万元（未包括银钱业及各纱厂），武昌各业公会共摊认7万元，汉阳各业公会共摊认1.5万元。其具体措施是：店员以一个月薪资认购，由店东一次性垫缴。最后三镇商会共认购救国公债150万元，均按期缴付。

1938年新年初始，汉口市商会的领导层发生了一个变动。主席黄文植准备离开武汉，便委托贺衡夫代理商会主席一职。此事的原委是：1月5日，黄文植以汉口市商会主席身份，在汉口广播电台发表了一篇题为"中国全面抗战与国际商业的关系"的演讲，并将讲稿作为论文在《汉口商业月刊》1月号首页登载，其内容中有"……我们中国人原是酷爱和平的民族，中日战争即日结束，世界和平亦可早日恢复，我国之幸，亦国际商业之幸也"的话。在抗日战争已经全面展开的5个月后，黄文植发出的这种对战争不分正义非正义性质而一味求和的滥调，立即激起了各界爱国人士的愤慨，有人指斥黄文植在赴日考察期间即与日寇有所勾结。于是经人规劝，黄文植于7月中旬借病离开武汉迁往重庆，商会主席职务正式由贺衡夫代理。1939年3月黄于上海病逝。

组织世界红卍字会汉口分会的救护工作

1937年11月、12月上海、南京相继失守，各地难民逃经武汉的日益增多。他们经济困难，生活无着，饱受伤病痛苦，境况凄惨。作为汉口市商会负责人、汉口慈善会会长的贺衡夫，还兼任世界红卍字会汉口分会责任会长。此时他主要以世界红卍字会汉口分会为基地，组织救护和救济难民工作。

红卍字会始创于民国元年、二年间（1912—1913）的山东济南。卍字出于梵语，是佛教吉祥的标志。该组织取其卍字，有面向社会、溥利群生之意，从名称上与当时由西欧传入的红十字会有所区别。20年代以后，该组织发展迅速，除济南外，全国主要大城市如天津、北京、上海、南京、南昌、长沙、武汉、广州、西安、太原等也先后成立该组织。总会设于北京，并报请中华民国内务部登记，成为政府法定的人民团体。1923年日本东京及其附近发生强烈地震，我国各地红卍字会及群众捐助巨款和物资，由中国红卍字会会长、民国第一任总理 、著名的社会活动家、慈善家熊希龄率慰问团代表中国人民赴日本赈济灾民。此后日本及东南亚各国先后组织红卍字会，该会遂成为以"促进世界和平、救济灾患"为宗旨的松散的国际性慈善救济组织。

红卍字会汉口分会成立于1922年。1931年贺衡夫当选汉口市商会会长后，兼任红卍字会汉口分会责任会长。不久，又与设在北京的世界红卍字会（会长即熊希龄）取得联系，红卍字会汉口分会遂成为世界红卍字会汉口分会。武汉大水时，红卍字会上海分会会长韩永清及北京总会所派南京分会的陶遵开，先后率领救护队和救济队来汉口协助救灾事宜。工作结束后，韩、陶二人商请贺衡夫筹办医院。贺衡夫遂会同周星棠、陈经畲等汉口商会负责人向富商巨贾募集经费，加上红卍字会会员会费与各地分会的捐助，于1934年购得大智路铭新街90号楼房一栋，设立了红卍字会医院。这是一座西式的砖木结构两层楼，前有花园，后有平房，贺衡夫雇人将其修葺一新。医院开始设立病床70张，楼上大部分房间做病房、小部分作会务办公室，楼下为门诊部、药房、挂号室、化验室和医院办公室。贺衡夫等聘邓晴洲医师为院长，有医护、药检、事务及勤杂等计30余人。医疗对象均系贫苦市民，住院者月平均为150—180人，门诊就诊者日平均为百人左右。

1932年10月，中央红军反"围剿"后，主力转移，江西修水一带人民惨遭国民党军杀害，抛尸露骨，无人认领与掩埋。汉口红卍字会组织救护队，由邓晴洲院长率领驰赴南昌，会同江西红卍字会，前往进行善后处理，历时4个月才告结束。

　　七七事变后，汉口红卍字会与北京总会联合组织救护队奔赴战地，但因战局急转，随即撤回。"八一三"淞沪战起，日军飞机经常轰炸武汉，特别是汉阳兵工厂及沿河两岸居民伤亡惨重，汉口红卍字会积极参与救护、救济和收殓等工作。从1937年11月起，为组织、协调好救济从各地逃往武汉的难民工作，贺衡夫联合各红卍字会、各商会、各同乡会、各慈善堂组成汉口救济委员会，他兼任救济会负责人，全面主持工作。此时，贺衡夫办公的处所常设在位于铭新街的红卍字会汉口分会。救济委员会联合社会上知名人士发起了大型救济活动，积极筹募捐款，并成立50多个难民收容所，募集大米4 000余担，安顿、救济各地难民数十万人。所用经费除政府拨款外，多半是救济委员会发动各慈善团体和工商界筹集的。

　　1938年10月武汉沦陷前一星期，贺衡夫、陈经畲等均赴重庆。红卍字会汉口分会迁往贺衡夫的天津路怡庐寓所。他的长子贺芥荪留在红卍字会汉口分会工作。会长一职由朱涤华（又名朱伯青）接任，并成立工作组，以孙坤山、邓慈昌、吴幼香、苏芝庭、徐守箴、刘子明、刘为潘、贺芥荪为成员，分别负责领导各方面的具体工作。当时救济难民工作的办公机构下设5组，职能分工明确，工作十分细致，有条理。

　　遣送组：组长王瑞卿。任务是对经过武汉前往其他各地的难民，发给难民证，发给车船票，酌给途中路费。武汉沦陷前后，遣送的难民中有许多是进步的革命志士。

医疗组：组长邓慈昌。医院搬到四明街（今胜利街）的韩永清房屋，设门诊部和妇产院，继续收住病人，医药免费。日军侵占武汉后，将江汉路以上划为难民区，红卍字会鉴于难民区人口密集，医药缺乏，又组织医疗队进行巡回医疗，并在汉正街中段设一诊疗所，以便居民就诊，直到抗战胜利后停止。

掩埋组：组长苏芝庭。工作是掩埋市区内外所有的露尸；对一般无力安葬的死者，用以棺木；被敌机炸死的尸体也及时收敛。

救济组：组长孙坤山。工作是收容流离失所无家可归的难民，设有8个收容所（其中一个妇孺收容所），分别设在汉正街一带的怡怡里、永茂里、义发里等处。在大夹街六水分源设粥场，对少数无衣被的难民发给衣服，每日供应伙食两餐，每餐一菜。共收容难民逾万人。后来由于经费发生困难，伙食供应不能继续下去，就按人口改发粮食。又在难民区逐户调查，如确有困难无米下锅的，也按实际人口发给口粮，用明信片印就实发数量，并经邮局发送给困难户粮食。

财务组：组长吴幼香。掌管财物收支事项。衡夫的长子贺芥荪原在银行任职，受父命辞去职务，专心投入救济工作，襄助财务。

以上各组负责人员，都是当时汉口工商界人士，没有报酬。至于其他具体工作人员，也只按月领少数生活费。

为了日后维持红卍字会的各项业务，贺衡夫赴渝时留下现金数万元（包括他私人财产）和大批粮食，交其长子芥荪接应开支。汉口沦陷一年后，经费已出现困难，时衡夫由重庆经香港到上海，又自捐和劝募筹到巨款，通过汉口大孚银行留守处襄理龚献利汇到汉口。两年后，衡夫离开上海回重庆，经费来源失去着落，救济难民的活动无法维持，但红卍字会仍保留医疗组继续施诊施药。1945年日军投降后，汉口红卍字会及其医院迁回铭新街原址，但经营极为困难。直到1949年5月武汉解放，红卍字会连同医院上交市民政局接收。

支持国共合作　同心协力抗战

1937年11月，国民政府宣布迁都重庆，但国民党中央党部、政府部委机关、军事委员会及中央、中国、交通、农民四大银行相继移往武汉，国民党各方面重要人物蒋介石、汪精卫、冯玉祥、于右任、孔祥熙、张群、何应钦、陈诚、白崇禧等纷纷来汉。12月，蒋介石等国民政府首脑汇集武汉后决定武汉会战战略。中共领导人周恩来、王明和其他政治势力的代表人物、各界知名人士也纷纷前来三镇，进行抗日活动。武汉成为抗战的军事、政治、经济、文化中心，即事实上的战时首都。此时何成濬第二次接任湖北省政府主席。这一时期，日蒋矛盾日益加深，受英美支持的蒋介石抗日态度趋向积极，国共关系比较融洽，国内政治环境比较好，连共产党的《新华日报》《群众》周刊也在武汉公开出版。由于贺衡夫等商会领导人积极支持国共合作，汉口市商会成为各阶层人士社会活动的重要场所，加之贺衡夫与何成濬的熟人关系，也有机会与国共两党一些重要人物和各界知名人士接触和交往。

全面抗战初期，汉口市商会礼堂成为各阶层人士社会活动的重要场所。图为今日装饰一新的汉口市商会礼堂（其内部建筑结构仍保留1921年始建时的样子）

武汉沦陷前的1938年，在汉口市商会大礼堂召开的各种会议和举办的重要活动有：

1月23日，国际反侵略大会中国分会举行成立大会，到会团体数十个，人数上千。周恩来、董必武、邓颖超、潘梓年、钱俊瑞等被选为理事会理事。宋庆龄、陈铭枢、毛泽东、王明、马相伯、蔡元培、沈钧儒、宋子文、陈诚等被选为名誉主席团成员。

2月11日，国际反侵略大会中国分会及国民外交协会举行"武汉各界响应国际反日运动大会"，邵力子、冯玉祥、邓颖超等先后在会上发表演讲。

2月20日，武汉各界公祭殉国空军将士李桂丹、吕基淳、巴清正、王怡之、李鹏翔5人，蒋介石主祭。1938年2月18日，日军飞机38架空袭武汉。中国空军第四大队在苏联志愿援华航空队配合下，与日军激战12分钟，击落日机11架。在这次空战中，空军第四大队大队长李桂丹等5人壮烈牺牲。2月21日，武汉三镇举行盛大空战祝捷及追悼殉国空军将士大会。

2月27日，武汉各界举行追悼著名教育家、社会活动家钱亦石大会。"八·一三"上海抗日烽火燃起后，钱亦石率领由30多名作家、音乐家、戏剧家组成的战地服务队，在前线进行慰问和宣传，激发战士们抗日士气，因疲劳过度病逝于上海。董必武、邹韬奋、钱俊瑞参加了追悼大会。毛泽东、朱德、彭德怀、王明、周恩来、博古、叶剑英送了挽联。

3月20日，中国共产党领导的东北抗日救亡总会举行追悼自九一八以来东北抗敌阵亡将士大会。大会由阎宝航、梅公任、吴焕章、齐世英、吴瀚涛5人组成主席团。孔祥熙、邵力子、于右任、沈钧儒和八路军驻武汉办事处代表叶剑英等1 000余人前来参加追悼会。蒋介石送了挽联，文曰："家国艰难雪耻固应凭血战，关山阻绝歼仇还与慰忠魂。"

3月27日，在抗日民族统一战线的旗帜下，全国各地的文艺界人士会师武汉，形成实力雄厚、阵容壮观的抗战文艺大军。在中国共产党的推动下，中华全国文艺界抗敌协会于这一天在汉口市商会礼堂召开成立大会，发起人包括文艺界各方面代表97人。大会推举蔡元培、周恩来、罗曼·罗兰、史沫特莱等13人为名誉主席。《新华日报》报道当时盛况："9点钟刚敲过，有穿军服的、长袍的，各色各样的文艺工作者，三五成群地涌进会场。把庞大的礼堂挤得满满地，共计500余人。"这次大会提出了"文章下乡、文章入伍"这一抗战文艺的纲领性口号，鼓励作家深入现实斗争。"文协"曾组织作家战地访问团多次访问慰劳各地战场，推动了文艺工作者的下乡和入伍，为全国抗战文艺运动的深入发展奠定了坚实基础。

1938年3月27日参加中华全国文艺界抗敌协会成立大会的全体人员在汉口市商会前合影

4月15日，中国战时儿童救济会举行成立大会，参加者数百人。大会推选周恩来等21人为主席团成员，推举周恩来等143人为理事。

5月8日，武汉各界举行抗战阵亡将领王铭章追悼大会。王铭章系国民党41军122师师长，在台儿庄会战中因誓死保卫滕县（今山东滕州）而殉国，为台儿庄大捷的胜利奠定了基础，是中国军方在抗日战争中牺牲的高级将领之一。当日，市商会从大门到礼堂搭起了素色的牌坊和天棚。礼堂里挂满了祭幛和挽联，蒋介石写的横幅"民族光荣"悬挂在王铭章师长遗像上方。毛泽东、王明、秦邦宪、董必武、吴玉章5人送的挽联是："奋战守孤城，视死如归，是革命军人本色；决心歼顽敌，以身殉国，为中华民族争光。"朱德、周恩来、彭德怀、叶剑英和刘伯承、贺龙、林彪、罗炳辉分别送了两副挽联。9日上午，蒋介石亲自到灵堂致祭。

6月5日，武汉各界举行公祭"二·一八""四·二九""五·三一"等空战中殉职的陈怀民、孙金鉴、张效贤、杨慎贤四烈士大会。参加公祭的民众达2万人。冯玉祥将军赞曰："舍身成仁同归尽，壮烈牺牲鬼神泣。"中共代表王明、周恩来、博古等敬献"捐躯报国"挽联。

面临武汉战局紧张的形势，汉口市商会密切关注武汉军事形势变化，以及国共两党的战略方针，响应国共两党提出的抗日救亡号召，动员工商界做好保卫大武汉的必要准备。

5月1日，武汉工商界在汉口中山公园体育场召开纪念"五一"国际劳动节大会，号召全民抗日，保卫大武汉。6月12日，日军攻占安庆，揭开了武汉会战的序幕。7月4日，日军开始全面整备兵力大举进攻武汉。日本军部集中9个师团、3个独立旅团及海空直属部队，投入30余万兵力，企图在短时期内攻占武汉。国民政府军事委员会针锋相对，也制定了保卫武汉的计划，并调集了130个师100万兵力，进行保卫武汉的战役。中共也通过《新华日报》发表了对于保卫武汉的意见，强调保卫武汉的重要意义，向蒋介石提出政治军事保卫计划，向陈诚提出武汉民众总动员计划。

1938年5月1日，武汉工商界在中山公园举行大会，号召全民抗日

　　1938年7月6日，武汉三镇12万群众分别在汉口中山公园、武昌公共体育场、汉阳十二中学等地召开纪念"七七"抗战一周年大会。汉口市商会组织工商界人士积极参加了集会和游行。据《武汉抗战史料》一书记载，在汉口中山公园举行的"抗战建国周年纪念大会"是于下午6时开始的，有工商、妇女、青年、学校、党政机关等100多个团体上万人参加，大会由汉口市商会主席黄文植主持。蒋介石派来的代表陈调元在会上致辞，表示蒋委员长抗战的决心："无论何时何地，就是只剩一兵一卒也要抗战到底！""我们全国如能更进一步联合、团结起来，最后胜利一定是我们的。"在陈调元讲话后，贺衡夫作为主席团代表向大会提出了4个提案：一、用大会名义致电慰劳抗战将士；二、慰问抗战将士家属；三、庆祝国民参政

武汉社会各界人士举行声势浩大的"保卫大武汉游行"

会开会;四、通电全世界各民族致谢,以正义的援助,并表示我抗战到底的决心。当场群众报以热烈的掌声一致通过。大会在几万人的欢呼口号声中结束。随后开始了声势浩大的火炬游行。贺衡夫与主席团成员走在游行队伍的前列,游行群众的手中点燃了火炬,把广场照耀得像白昼一样,吼着:"我们万众一心,冒着敌人的炮火,前进,前进……"一队队行列向着公园大门移动,马路上的人群拥挤起来,迎接着这些保卫大武汉的后备军。

7月7日至11日,为了支援前线,国民政府军事委员会政治部第三厅发起组织为期5天的献金活动。汉口市工商界率先响应。据中央社报道,7日下午3时,汉市商会、业主会、银行业公会、保安公益会、特业公会等各法团领袖在市府集议,自动向吴国桢市长报告,借此"七七"抗战纪念日,愿捐全市店员职工1个月的薪金及1个月的房捐,由店主和房东承担,两项合计可得47万余元,作为抗战建国周年纪念献金，以尽全民抗战之义务。当时得到吴市长的特别嘉许，并转报湖北省政府。此外，纱业特业及银商界巨子，除照前项办法捐款外，仍将单独另行大宗捐献。

与此同时，汉口江汉关、汉口市商会、武昌司门口、汉阳东门码头等处搭起了献金台，献金者从早到晚川流不息，有工人、农民、店员、士兵、艺人、华侨、乞丐，不分男女老少；武汉工商业者人人踊跃前往捐献。献金的种类有纸币、银圆、元宝、金银首饰等。献金的场面非常感人。有个拉人力车的工人，拉一次献一次，不管几分几角全部献光。据统计，这次献金活动，献金者达50万人次以上，捐献金额计93万元。接着，武汉工商界各业又开展战时节约献金竞赛，献金总额达15.8万元。

协助政府组织工厂内迁

7月下旬以后，日军占领了潜山、宿松、太湖、黄梅等地。中日武汉大会战异常激烈。7月30日，九江失守，武汉告急。汉口市商会传达行政院经济部的指示，动员工商界尽其所能把工厂和物资撤迁后方。8月5日汉口市政府召集武汉各厂商谈话，传达蒋介石命令，"限各厂克日撤迁，否则必要时即予爆炸，以免资敌。"贺衡夫等人认识到，民族资本工业是当时中国工业的重要支柱，撤迁的事将为后方军需民需提供保障，对抗战作用巨大。汉口市商会立即全力以赴组织武汉工商界对民营企业进行撤迁行动。根据国民政府主持工厂内迁的工矿调整处的要求，为适应战时经济需要，确定的拆迁工厂主要有：资材在5 000元以上、规模较大的机器五金类工厂；国人经营的纱厂全部拆运。既济水电公司从6月份起开始疏散职工，将重要文件运往香港。8月间，既济公司与英商汉口电灯公司签订契约，准备在武汉失守后将公司全盘委托英商汉口电灯公司代管。9月底既济公司组成"撤迁委员会"，经过24天时间，既济公司6 000千瓦新发动机组及1座锅炉和变压器等全部器材，计重1 800吨运往重庆。贺衡夫任董事长的大冶源华煤矿股份公司的大部分矿业机械先运存汉口英德各洋商行，再转运内地。贺衡夫有股资的裕华纱厂以及著名的民营工厂申新纱厂、震寰纱厂、周恒顺机器厂等60多家纺织企业动作也很快。裕华纱厂在董事长苏汰馀的主持下，自1938年8月从武汉撤迁，到1939年7月底物质运抵重庆，历经一年时间，途中克服长江航运力量不足的种种困难，在溯长江入川的水路险急处，纤夫们拉着迁绳拖着满载机器设备的船只艰难行进，时常遭遇敌机的轰炸，可谓惊心动魄。抗战时期中国实业家们在运输工具极为简陋的条件下，历尽艰苦举厂内迁，表现出的高度的爱国热情，挽救民族危亡的勇气。据工矿调整处统计，抗战时由各地内迁到川、陕、湘、桂、黔等地的民营工厂共有442家，其中由武汉内迁的约有250家工厂、10.8万吨机器设备，占全国内迁工厂总数的57%。在武汉著名的大厂中仅武昌第一纱厂因英国债权洋行干涉而未迁走。在内迁时，汉口市商会向当局反映了群众意见，要求对于武汉大建筑物尽可能减少炸毁，以备胜利归来恢复繁荣。

武汉工厂的内迁，是抗战时期大城市企业拆迁中规模最大、效果最佳的一次战略行动，实际上也是中国当时经济重心的一次大转移，从而大大充实了后方的抗战实力。

自5月徐州会战后，蒋介石决定新组建第九战区，以陈诚率所部配置于南浔铁路及武汉以南地区。在汉口成立第九战区总动员委员会，总动员委员会主任委员由陈诚兼任，副主任委员由政治部副部长周恩来兼，秘书长贺衷寒。总动员委员会设秘书处，处长是艾毓英。秘书处第一组组长喻育之、副组长贺衡夫，主管征募；第二组组长吴国桢、副组长黄仁霖，主管联络；第三组组长浦心雅、副组长南夔，主管经济；第四组组长董必武、副组长胡越，主管民运。主任委员陈诚在前线指挥军事，所有总动员委员会会务，由周恩来副主任委员代理。10月7日，第九战区总动员委员会在汉口召开第九次常委会议。贺衡夫出席了此次会议。会议由军事委员会政治部第一厅厅长、政治部秘书长兼总动员委员会秘书长贺衷寒主持，主要讨论了武汉区市民疏散问题及接济汉口物资运输办法。会后，贺衡夫及汉口救济会拨款向湖南购到了一批大米，连同湖北省银行尚未运走的存米共约4 000余担，由汉口市长会同救济会负责人，面交在汉的外国教会代为保管。嗣后，由其转托中国慈善机构继续救济难民。此外，由湖北赈济委员会拨款1万元，成立难民运送配置委员会，由严立三、贺衡夫、陆德泽、吴国桢等为常务委员，下设汉口、武昌两个支会，共遣散难民1.6万人。

撤往重庆继续抗战

决不当汉奸

1938年10月12日，日军占领豫南重镇信阳后，实现了对武汉的合围。接着，武汉周围的主要阵地与要塞均告失守，汉口沦陷在即，武汉各界人士纷纷后撤。贺衡夫考虑到自己身为汉口市商会的代理主席，日军进来后一定会对他实行控制和利用，遂决定撤往四川。就在贺衡夫乘机入川的这一天，武汉最大道院长春观的道长侯永德一清早就来到贺衡夫家串门。谈起侯道人来，30年代他在武汉可是大名鼎鼎，妇孺皆知的。此人是清朝末年一名官吏，辛亥革命后"看破红尘"，做了武昌大东门长春观的当家道人，修行较久，道法很高。熟识他的人都尊称他"侯道人"或"侯当家"。他在长春观当家期间，将观内建筑作了一些修缮和扩建，层楼高阁，参差错落，殿宇宏伟，壮丽辉煌。他在长春观内做过多年的送诊施药善事，聘请了10多名内、外、妇、儿科中医师及药剂人员给武昌城乡贫苦病人看病，病人只需要按顺序挂号，分科就诊，照单取药，概不交费。每日有几百人前往就诊。他还在岁末寒冬及灾难年头，送寒衣、办粥厂，并施送板棺，设立义地、坟山等。贺衡夫与侯道人已结识多年，算是朋友。

侯道人见面寒暄后就问："您家要离开武汉到四川吗？"贺答："对的，已经准备好了，就差动身。"侯道人接着说："我看您家走不走没关系。走呢，路途遥远，舟车劳顿，向来蜀道难行，到了四川，又是怎样局面，难以捉摸；不走还省些麻烦。留在武汉，以后经营商业反正是一样的，我看你还是不走为好。还有些人希望您家不走，要我带口信请您家不走，请您家将来出面维持市面商务哩！"

贺衡夫听到最后两句话深觉诧异，暗想：近时以来军政各界一再开会动员人们向后方转进，各界还草拟必须撤走的人员名单，以免留在武汉被敌利用。而商界名单我曾参加草拟，我动员别人走，当然自己也要走，现在才奇怪了，怎么反有人要我不走呢？贺就问："您家给谁带信要我不走？"侯凑近贺的身边低声说："何佩瑢请您家不走。"何佩瑢时任武汉参议府参议长、武汉政务委员会委员长。得知是何佩瑢让侯道人捎信，贺衡夫更加惊奇了，说："何佩瑢是应该走的人，听说他已走了，他真没走？在哪里？他为什么要我不走？我决定是要走的。"侯又低声说："何佩瑢还在武汉自有处所，他亲自对我说的，请您家不走，将来要借重您家维持市面商务，我的看法您家还是一动不如一静，以后做生意总还是一样。"贺兀自忖度："不走是要做顺民，遭受亡国奴的侮辱，心实不甘；要我维持商务，与汉奸同流合污，一失足促成千古恨事，遗臭万年。"贺便果断拒绝说："我不能留下，决心到四川，不问后果。"侯道人知贺衡夫入川的决心已定，不能挽留，支吾数语后告辞而去。贺衡夫于当日乘机飞往重庆。

贺衡夫到重庆后得知，武汉沦陷后，日寇精心策划一个汉奸组织"武汉治安维持会"，一些社会名流如计国桢、蓝熙周、叶春霖等人都被拉了进去。在这群汉奸的背后有一个从不露面的人物就是侯永德，原来他是日本人老早就潜伏在武汉的特务机构负责人。日寇一进武汉，他就活跃起来，因为他有日寇发给的"特别派司"（即特务证件），可随时出入日军特务部，直接与日寇接触，出谋献策。武汉治安维持会这群汉奸的粉墨登场，主要就是由他牵线、导演而成。虽然侯在维持会没有任何名义，而这群汉奸却要仰他鼻息，听他指使。那个何佩瑢也投靠日本，出任伪湖北省省长，沦为汉奸。贺后来忆起此事的后果时说：

> 1940年我由香港转沪，何佩瑢时任汪伪组织的湖北省长。他当时在上海知道我来了，即偕其伪湖北省建设厅长宋怀远到我寓所来访。何对我说："您跑到后方真是冤枉跑了一趟，两年前我叫侯道人拜望你请你不走，你却走了。现在我还是请您回湖北去，鄂人治鄂。"我当时审时度势，免其生疑，满口答应，并佯称："即行摒挡一切，不日回鄂。"当晚即乘外洋轮船离沪回港。这次何佩瑢的访谈将侯道人拉我下水当汉奸的企图给印证了。及今忆及，心有余悸。抗战胜利后我由川返汉，听说涂拔臣（日伪时期汉口市商会会长）、杨辉廷、李

鼎安都由侯道人的引线而作了汉奸。可惜侯道人那时已死，未受到国法的制裁。

贺衡夫离汉的一周后，日军于10月25日黎明攻入武汉。其实贺衡夫在武汉危机时还有一个去香港避难的机会。他在去四川之前，就把夫人及两个儿子送到香港，安顿下来。家人本想让他留下，大家生活在一起互相有个照应，另外在香港的物质生活条件会相对比在西南内地好些。但他想到去重庆有更多的商界抗日工作在等待他去做，于是他很快就从香港返回武汉，于10月18日乘机飞往重庆。

在大后方的贡献

重庆是中国战时的首都（1940年国民政府再定重庆为陪都），也是大后方的政治、经济、军事中心。日本为了打击后方人民的斗志，对没有防空能力的重庆进行了狂轰滥炸，给重庆人民带来了巨大的灾难。面对日军的轰炸，后来重庆加强了防空炮火，并建立了防空预报制度。当日军飞机从汉口一出发，重庆便很快知道。贺衡夫及家人、朋友一看到红色信号或听到防空警报，就匆忙躲进防空洞中。他饱尝了战争的苦难，目睹了无数无辜市民的死亡，心中充满对日寇的仇恨，决心为抗战尽自己的全部力量。

太平洋战争爆发后，日本把进攻的重点转向东南亚，不得不暂时停止向中国内地的地面进攻。国民政府决定利用中日战场上相对僵持的有利局面，在未沦陷区开展生产自救、整顿军队和恢复教育运动，特别是组织社会上的年轻人参加大学教育，也为长期抗战、战后重建做准备。

到重庆后不久，贺衡夫与当时聚集在重庆的韩永清、陈焕章等武汉工商界巨子全力协助迁到后方的工厂尽快恢复生产，扶持武汉的商人开展经营。如裕华纱厂在重庆恢复生产后，又新建一座重庆纺织工厂，为军需民用提供了大量的纺织产品，成为中南地区纺织业的巨头，为民族抗战做出了巨大的贡献。既济公司6 000千瓦发电机组于1939年10月被国民政府资源委员会收买后，作为宜宾电厂之用，其他器材也由资源委员会和国民政府经济部分配给其有关工厂。这些企业在大后方运转，逐渐发展成为抗战后方工业的母厂，也改变了大后方工业落后的格局，成为长期支撑抗战的物质基础。

武汉内迁工厂在西南地区投入战时生产

创办重庆庆华颜料厂

1940年1月，贺衡夫与原汉口总商会老会长周星棠联络在重庆的汉口市商会工商业者合资创办了重庆庆华颜料厂。该厂在抗战后方发挥了不小作用。此颜料是指纺织业染布所用的化学原料。颜料为旧称。为什么要建颜料厂？这是因为抗战前中国纺织业所用染料均购自德、英两国，二战时期从国外进口的染料来源逐渐断绝，且价格昂贵，当时无论是民用还是军用都急需中国人自己生产的染料。在后方，纺纱厂较多，纺织机械厂很少，而颜料厂就只有庆华一家。庆华颜料厂建厂之初董事长为周星棠，1942年周星棠因病去世，贺衡夫任董事长，民国时期著名的化工专家乐作霖为总经理。庆华颜料厂由于重视聘请高级技术人才，加之经营有方，生产能力渐强，产品质量过关。时国民党军政部部长何应钦（字敬之），因为军政部所需用染料量大，当得知庆华颜料厂系汉口市商会诸人所筹办时，便委托何成濬很客气地请乐作霖总经理到何应钦办公室来。1942年6月26日，何应钦约见乐作霖询问："该厂能否制造草绿色染料？"乐回答："无论需要多少，均可代制造。"何又问："军政部加资合办庆华厂如何？"乐答道："这要由股东会研究决定，经理无权答复。"何应钦之所以不通过别人而亲自找厂家经理面谈，一是他深知下属各部门弊病重重，如与商人接触必索回扣；二是反映他所需军用染料的急迫心理。

1943年1月15日，在庆华颜料厂成立3周年纪念日时，贺衡夫董事长、乐作霖总经理邀请各界人士赴厂参观。参观者由贺衡夫、乐润田等引导，到各车间参观各种设备及产品，受到参观者的一致称赞。认为其产品能为战时服务，实属不易。希冀厂家悉心研究，精益求精，其发展前途不可限量。一年多后，庆华厂的产品质量又有很大的提升。1944年4月25日，贺衡夫、陈经畲、乐润田在庆华公司将生产的各种染料产品向外界展示，证明其耐久不变色，与进口的产品无大差别。到会者莫不赞美。何成濬评价道：重庆庆华厂在战时不但可供军方民方急切需要，体现了自力更生之最要策，而且在战后工业市场上亦可挽回大部分利权。

筹款募捐　济人于难

在重庆期间，贺衡夫发动武汉商界人士继续从事捐款救济活动，筹集钱粮救助灾民和沦陷区来的难民，安顿流亡学生，重视教育，慰劳从前方战场退下来的受伤将士，每天仍是忙碌不停。

此阶段贺衡夫与何成濬交往甚密。武汉失守之际，何成濬最后撤离，绕道广西来到重庆。由于武汉会战时蒋介石坐镇武汉，何成濬护卫左右，颇得蒋介石信任。1939年1月何成濬被任命为中央军委会军法执行总监。他是湖北军政界很有威望的领袖，在他的倡导下成立了旅渝湖北同乡会，贺衡夫是同乡会的工商界名人，两人又是故交。何成濬常邀朋友、同乡借庆华公司聚会、用餐、闲谈，从《何成濬将军战时日记》（以下简称《日记》）中可以看出，他们在渝的7年中，见面、相会有四五十次之多。其主要议题：

一是为当时在重庆陆军大学就读的特五期、特六期学员筹款，解决学员生活困难问题。如《日记》1942年1月19日写道："陆大特六期学员夏鼎新等函余云：在校困难颇甚，请设法为辅助。所言自系实情……午后二时，特入城至庆华公司，访汉口商会主席贺衡夫君，拟酌约较热心者三四人，各分担数千元，以略济各学员之急。"

二是为内迁重庆的中华大学募款，增建校舍。时中华大学校长是陈叔澄。何成濬、贺衡夫都是中华大学的校董，庆华厂捐助更是义不容辞。但该款所需量较大，故何、贺多次向在渝的工商界募集，多以贺衡夫出面邀请劝募，如大华、裕华两纱厂董事长苏汰馀、总经理石凤翔等都曾慷慨解囊。1944年4月汉口商界为中华大学一次募款达160万元，"每月利润能补校费之不足"。此外，他们还为心勉中学的经费困难、为遭火灾的懿训女中、为博学中学修理校舍等学校捐款，帮助学校渡过难关。

三是筹集赈灾款，救济鄂北灾民。1942年至1945年，湖北北部各市县除遭日寇蹂躏外，又逢连续旱灾，饥荒严重，民生困苦。何、贺偕湖北同乡会紧急动员赈灾，多次商筹和催收赈款。贺衡夫还建议让游戏场附加鄂灾赈捐。何成濬《日记》1945年1月23日记载："十二时，接贺衡夫电话，云关于筹赈鄂灾，有须面商之件，已约徐克成、陈叔澄、陈经畲、乐润田等，至留俄同学会便餐，请即往一谈。到后衡夫言：'湖北省政府催款甚急，现一面加紧劝募，一面商社会局将各游戏场附捐，提前征收。托（何）代向包局长华国（重庆市社会局局长）一言，俾特别注意此事。'答明日可转告包局长。"3月15日，贺衡夫、陈经畲同到何成濬寓所来谈，告知"赈救鄂北灾民。在游戏场附加之捐款，有200余万元，被市政府财政局收去，屡次派人往商请退还，虽未拒绝，总以'业经挪用、暂时无款'为对。"说到这里，何、贺、陈均非常生气。何认为，天下事莫急于赈救灾民者，该局此等措施，不过迟延时日，希冀从中获得一二月之黑市利息耳，其卑劣殊可痛恨。

此外，贺衡夫在重庆期间与中共领导人也有接触。据《何成濬将军战时日记》1942年10月31日记载："午后6时，同贺衡夫、陈叔澄、乐润田欢宴鄂籍各参政员于庆华公司，到会的有孔雯掀、黄离明、喻育之、李廉方、陈修平、居励今、余景陶、胡秋原、严立三、董必武。张难先因病未来。席间谈参政会开会时场内一切情形，及所通过之各重要议案甚详。"这是一次在庆华公司举办的湖北籍国民参政员的聚会。聚会的议题是当年参政会开会的情形和内容。国民参政会是抗日战争时期由国民政府成立，包括国民党、共产党及其他抗日党派和无党派人士代表在内的全国最高咨询机关，自1938年7月成立至1948年3月结束。在抗战中，国民参政会成为中国共产党实施抗日民族统一战线方针政策、巩固国共团结的重要阵地。毛泽东、陈绍禹、秦邦宪、林祖涵、吴玉章、董必武、邓颖超等7

人接受了国民政府的聘请，担任国民参政员。董必武是湖北人，作为中共参加国民参政会的参政员，他到重庆后，模范地执行党中央的方针政策，广泛团结各民主党派、各阶层爱国人士、地方实力派和国际友好人士，为坚持国共合作，巩固和扩大抗日民族统一战线，深入开展大后方的抗日民主运动，作出重大贡献。据贺衡夫后来回忆，董必武平易近人，言辞温和，在聚会时谈到国共合作以及全民族抗战的主张，给他留下深刻的印象。

参加抗战损失调查委员会

1943年11月7日，蒋介石以机密甲字第8188号手令，命行政院组织成立抗战损失调查机构。命令说："自'九一八'以来，我国因受日本侵略，关于国家社会公私财产所有之损失，应即分类调查统计，在行政院或国防最高委员会组织机构，切实善手进行。"行政院牵头后，即由行政院秘书长张厉生负责筹划。次年初，报经蒋介石批准。"行政院抗战损失调查委员会"于1944年2月5日正式成立，该委员会设委员46人。翁文灏、吴国桢、贺衡夫、康心如、俞鸿钧、枚月经、王院濒等7人被推选为常务委员，翁文灏为委员会召集人，不设主任委员。于2月25日举行第一次委员会会议，4月正式开始办公。

于是，贺衡夫参与了抗战损失调查委员会的工作。其调查内容为自1931年九一八事变后，我国因敌人侵略直接或间接所受损失，以各向敌人要求赔偿。其调查项目为中央、地方（省级、县级）、国营、民营、文化、医疗慈善事业、人民团体个人财产、人民性命及敌占区等10项。调查分两个不同时期，即前期自1931年9月18日至1937年7月6日，后期自1937年7月7日至抗战结束。在调查范围方面规定："凡在中华民国领土内，后方、战区或沦陷区，所有中国之公私机关、团体或人民，因战争被敌强占、夺取、征发、破坏、轰炸或杀戮、奸掳等暴行遭受之损失，或中国在敌国领土及其占领区内遭受之损失，应由中央及地方有关机关调查具报抗战损失调查委员会。至于属于军事范围内的抗战损失调查，该办法第六条规定另定之。"抗战损失调查委员会系直隶行政院，下设室组，分掌职事。由于事有专管，职有所闻，有关抗战损失调查的办法与工作计划，以及设计查报损失的各类表格等工作，均具业绩。

1944年，贺衡夫与汉口在重庆的商界人士设立汉口市商会驻渝办事处，办理汉口商人在渝的一切商务事宜。大家推选贺衡夫为办事处主任。稍后，增设汉口市商会复原计划委员会。1945年四五月间，西方战场上意、德两国投降后，日本已完全陷入绝境。中国人民已看到抗日战争胜利的曙光。4月9日，旅渝湖北同乡会、汉口市商会、湖北教育会在庆华公司聚会，商量胜利后湖北复原救济等问题，大家一致同意组织一个湖北复原救济协进会，推徐克成、贺衡夫、陈叔澄等9人筹备。抗日战争胜利前夕，贺衡夫与汉口市商会驻渝办事处已预先研讨收回汉口后工商业重建和推进问题准备各项复原工作。

裕华公司回汉前人员合影（前排左二为贺衡夫）

为战后汉口经济的复原奔忙

回到家乡当选汉口市商会理事长

　　1945年8月15日日本宣布无条件投降，举国上下欢欣鼓舞。贺衡夫与家人也开始收拾行装准备回汉。10月18日，汉口市政府指定人选，会同拟归汉的汉口市商会驻渝办事处人员组成汉口市商会筹备会，由祝庸斋任主任，贺衡夫任副主任。从《何成濬将军战时日记》1945年12月4日日记记载得知，贺衡夫大约是在12月中旬离渝赴汉的。何成濬在这天的日记中写道："午前十时余，熊鲁馨、贺衡夫、邓吉云、陶勤夫，先后来寓。鲁馨云：即乘机飞回武汉，接收并整理武汉大学校舍。衡夫云：不日携眷乘船回武汉，商洽源华煤矿公司复业问题。"看来贺衡夫已在筹划回汉后工矿企业恢复生产事宜。12月16日，汉口市商会筹备会改组为汉口市商会整理委员会，程子菊任主任委员，贺衡夫任副主任委员。1946年5月20日，汉口市商会召开会员代表大会，选举贺衡夫担任理事长。6月9日贺衡夫偕复原的汉口市商会第一届理监会事宜誓就职。今湖北省档案馆藏有汉口市商会为本会理监事业于6月9日就职事函请湖北省政府建设厅查照的公函。全文如下：

汉口市商会公函

（商字第一号）

中华民国三十五年七月发于本会

案查本会前于五月二十日举行第一届第一次会员代表大会，依法选举乐作霖等二十一人为理事，杨青山等七人为监事，邓廷珍等十人为候补理事，朱泽民等三人为候补监事。复于六月一日继续依法由理事会选举衡夫等七人为常务理事，又由监事会选举杨青山等三人为常务监事，并由理事会选举衡夫一人为理事长，经已先后呈报主管官署在卷。兹衡夫协同全体理监事已于六月九日到会宣誓就职，除分别呈函外相应检同理监事名册函，请查照为荷。

　　此致

湖北省政府建设厅

附送理监事名册一份

理事长贺衡夫

1946年6月9日复原的汉口市商会第一届理事监事宣誓就职

本图片为上幅照片中部放大，第一排穿黑衣者为贺衡夫

为战后汉口经济的复原奔忙

此时，武汉的工业亟待恢复，水电供应为政府经济和人民生活最为重要之事。在一片"复原"声中，经国民政府经济部策划，由官方银行借给既济水电公司"复原"费1亿元，对水厂进行检修，修复了2部1 500千瓦发电机，添置了1部2 000千瓦、1部2 000千瓦发电机。因原有的英商汉口电灯厂和德商电厂均已在1944年被美国飞机炸毁，汉口的水电供应全由既济水电公司独家经营，并供给汉阳方面一部分用电。既济水电公司董事会经过改组，李馥荪仍任董事长，另有宋子文、钱新之、何成濬、贺衡夫4人为常务董事。

抗日战争胜利后，国民政府在武汉大肆接收日伪银行、铁路、矿山、航运和公用事业。在此过程中，出现两种情况，一是官僚资本垄断了武汉地区的重要工业，如兵工厂、被服总厂等，并在接收后加以扩建，成为国民党军队内战的军需供给点。二是官僚资本也控制和渗入民族资本工业中，如在接收中山洋行、泰安纱厂等6个单位后建立了官办汉口纺织厂；华中钢铁公司则是在汉冶萍公司和日本株式会社基础上改建的；既济水电公司、南洋兄弟烟草公司都被宋子文豪门集团所控制。湖北地方官绅何成濬则以巧取手段在1946年打入第一纱厂，成为该厂董事长。何本人在第一纱厂原无股本，由一纱厂股东抽取一部分股本奉送，何便一跃而成为最大股东，控制了该厂。与此同时，美国商品和美国援华物资大量倾入中国，国民政府接受大量美援棉花，减低进口税率，也损害了民族资本企业的利益。

在官僚资本和美货的双重打击下，武汉民族工业大量破产。到1946年底大小烟厂关闭90%，大小棉织工厂关闭

75%，染织厂一月之间就关闭22家。由于工厂倒闭，从重庆等地复原回武汉的工人、职员大量失业，1946年汉口市失业者有31万人，占全市120多万工人总数的25%。接着，国共内战爆发，加之恶性通货膨胀，民族资本主义工业处于更加艰难境地。当时，开工生产不如囤积物资有利可图，大部分工厂停工减产，转向商业投机。全武汉工厂用电不到抗战前的68%。一些资本家抽走资金，转移设备，又使一些工厂陷于瘫痪。

回到阔别八年的家乡，作为曾经繁荣的著名的工商业城市陷于这种困难的局面，贺衡夫感到十分焦虑不安。

重新整理各工商业同业公会

这一时期，汉口经济进入复原阶段。贺衡夫及商会最繁重的任务便是整理各工商业同业公会。1938年随着国民党政权迁往重庆，武汉的工商业者大户纷纷内迁，小户逃避四乡，各工商业同业公会或解散，或停止活动，或为伪政权所操控，情况比较复杂。对这些同业公会在沦陷时期的情况需要进行调查摸底，在此基础上重新登记、改选或重新组织同业公会，恢复活动，发挥职能作用。汉口的工商业同业公会有五六十个，由同业公会管理的工商业户及大型工商企业有上千家。各工商业同业公会对所属的工商户也要进行登记。贺衡夫每天在市商会办公，要分批召集各工商业同业公会负责人会议，审阅大量的报告和信函，签署商会呈报文件，早起晚归，甚至要放弃周日的休息。

在诸多事务中，汉口钱庄业的整理工作是重中之重。日伪时期，汉口的钱庄业大部分解散了职工，把资金换成金条以保本，有的钱庄随政府西迁重庆，有的避居乡间，有的迁居法租界歇业。日军侵入武汉后，日币逐渐升值，一批从事法币与日币兑换业务的钱庄人，见买卖日钞有利可图，便麇集民生路口、珞珈碑路、胜利街咸安坊等处，进行交易，谋取暴利，于是产生了一批地下钱庄或钱摊，计有六七十家。至抗战胜利后，汉口钱庄在各业的恢复中曾一度显得比较活跃，在短期内便达到58家，到1947年有99家之多。为了整顿金融秩序，复原经济，国民政府财政部设立驻湘鄂赣区财政金融特派员办公处（以下简称办公处），任命原湖北省财政厅厅长贾士毅任主任，主持该区财政金融接收和复原工作。贾士毅到汉口后立刻约请汉口市商会配合办公处开展这项工作。此前，因抗战而随政府西迁的32家钱庄通过汉口市商会驻重庆办事处要求回武汉营业，并提出一些比较详细的要求；因沦陷休业的8家钱庄通过原汉口钱业公会呈文要求准予复业。贾士毅还提出治理汉口钱庄的措施，指令在沦陷区设立的钱庄即日全体歇业，同时举行登记；战前的正式钱庄经审核合格后才能正式复业；日本投降后设立的新钱庄准予登记。

汉口市商会会同钱业公会召集同业开会布置各钱庄呈缴证件报验和登记事宜。贺衡夫多次参加办公处召开的钱庄甄审会议，提出相应的意见和办法。结果，此次只批准抗战前原汉口钱业公会主席曹延祥为首的30家钱庄暂时复业；对于大批钱庄或不准开业，或暂准营业但不发执照，或强令合并；取缔了40多家无照钱庄。市面金融秩序逐步恢复。但国民党政府为了支撑"内战"，以通货膨胀为手段对人民进行掠夺，同时美国加紧向中国市场倾销美货，在内外压力下，汉口工业经营惨淡，钱庄业难以生存，至汉口解放前夕，汉口钱庄仅剩下20家左右在拼死挣扎。今武汉市档案馆保存一批当年有贺衡夫理事长签字的汉口市商会对各钱庄申请登记、复业及呈缴证件报验的各类信函文件，可供研究近代汉口钱庄者参考。

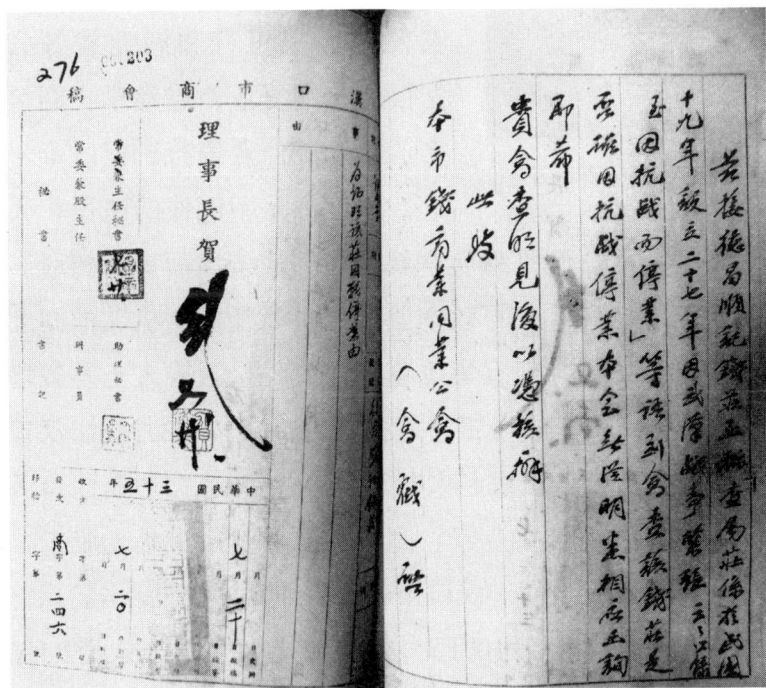

1946年7月汉口市商会致本市钱业公会核办德昌顺记钱庄因抗战停业证明的函件（由贺衡夫理事长签批）

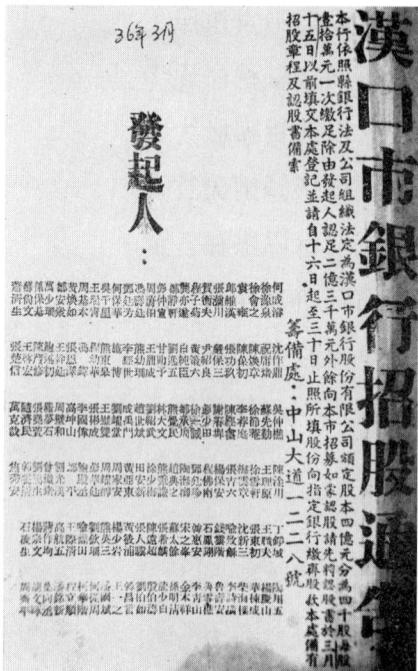

1947年3月汉口市银行招股通告

贺衡夫还参与发起增资改组汉口商业银行之事。在武汉沦陷前，由赵焕章（赵典之）、周星棠与贺衡夫等人于1934年创立的汉口商业银行，为顾及存款人利益，即通知存款人提取，银行业务遂告停顿。武汉沦陷后原汉口商业银行复兴街行址也被伪汉口市政府强迫占用。此次贺衡夫回汉后，正值中央、中国、交通、农民等国家银行和湖北省等省立银行相继复业，赵焕章（赵典之）接管了商业银行，但股金不足，而且都是不值钱的法币，无法恢复营业。于是赵焕章就交由何成濬出面重新招股。此时何成濬已辞去军政本兼各职，就任民意机关的湖北省参议会议长。何召集原董监及其他金融界人士筹备增资改组，成立汉口市银行筹备处，于1947年3月登出汉口市银行招股通告。发起人共计144人，绝大多数是汉口著名军政界人士、实业家、商界名人。贺衡夫是老股东，也成为发起人之一。汉口市银行资本额定为法币4亿元，分为4 000股，每股10万元，一次缴足。发起人认足2.3亿元外，其余向本市民众招募。银行董事会推选何成濬为董事长。行址迁回最初的湖南街阜昌街口原汉口商业银行大楼。当时的私营的商业银行是依照银行法的规定来经营银行业务，其主要业务是存款、放款、汇兑等，但由于物价狂涨、币值贬低，存款大量减少，银行资力薄弱，处境十分困难。

大冶源华煤矿公司的复工与资产增值

与此同时，贺衡夫也忙于对大冶源华煤矿有限公司进行接收并复工。该公司是贺衡夫的重要企业。早在30年代，贺衡夫即投资黄石的煤炭行业，于七七事变前一年，即1936年7月，黄石煤炭行业自主重组整合，由富源、富华两公司合并成立大冶源华煤矿公司，贺衡夫为董事长。公司煤炭年产量在全国煤炭企业能排进前20名，生产形势较好，后因抗日战争爆发而停业，公司运存汉口英德各洋商行栈拟转内地的设备，与矿产未及搬走的器材都被敌寇摧毁，损失巨大。抗战胜利复原后，贺衡夫、徐克成等拟文呈报湖北省建设厅，要求对大冶源华煤矿有限公司接收并复工，于1946年6月16日得到批准。在准备接收期间，因复工资金缺乏，曾于同年5月21日召开第三届股东大会，会议议决，按原股东股额比例增资，就原有股本112万元又收资本国币2亿4888元，合计为2.5亿元，于同年6月底一次收足。但公司仍感资金不足，拟再增资，遂于1947年9月21日召集公司股东召开第四届股东大会，由贺衡夫任会议主席。大会决议增加资本总额为国币100亿元，分为10万股，每股国币10万元，由各股东按比例分认，限

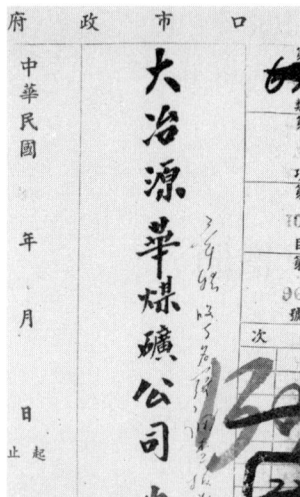

汉口市政府备案的大冶源华煤矿公司卷宗

期一个月内一次缴足。此次贺衡夫认购了80股。

今武汉市档案馆收藏的大冶源华煤矿公司卷宗中有1947年9月21日公司第四届股东大会决议录，摘录如下：

大冶源华煤矿股份有限公司第四届股东大会决议录

时间：中华民国三十六年九月二十一日（1947年9月21日）上午十时

场所：汉口江汉路普海春餐厅

出席股东：到会股东共379人（详载签名簿），代表股份19 227股，权数6 042权。

临时主席：公推贺衡夫股东

主席报告：本公司股份总额计25 000股，合8 441权，今日出席股东代表股份及权数已超过股份总数三分之二以上，依法应开会。

甲.报告事项

主席报告：依照公司法及章程，每年召开常会一次，其所以迟至现在才开，初因本业系于三十五年六月十六日接收复工，关于省府应发还机件未获，结果致剩余财产无法估计，复经决定会期为本年八月十日，又适逢经济部电令召开全国工业增产会议，董事长、总经理均联袂赴京出席，故将此会延至今日举行，云云。

第三届股东会决议授权董事会办理增资为2.5亿元，业经依期收足，经全体董监作调查之报告，兹将是项报告书报请各股东察核，众无异议。

乙. 讨论事项

（一）为拟行增资及办理升值请讨论案

主席发言解释应予增资理由及办法。

决议：1. 依法估定剩余财产，办理升值。2. 本公司增加资本总额为国币100亿元，分为10万股，每股国币10万元，由各股东按比例分认，限期一个月内一次缴足。

（二）为经增资升值依法应予修改章程请讨论案（略）

（三）为办理增资升值是否改选董事请决议案（略）

从上述大会决议录中可以看出，在抗战胜利后民族工商业全面萎缩的形势下，贺衡夫等人为促进大冶源华煤矿公司尽快复工投产，对原股份清理统计，对剩余财产进行评估，办理公司增资及财产升值事宜，付出了巨大的精力，其过程艰难复杂。后经汉口市政府及国民政府工商部、经济部层层电请核批，用一年多的时间办理了公司增资变更登记手续，并于1947年底由经济部核给执照。其结果是，重估固定资产升值为国币20亿元，作为股本，增资80亿元，总计资本额为100亿元。这在当时武汉地区的工矿企业中还算是颇有实力的。可惜内战兴起，兵荒马乱，通货膨胀，美国大肆对华倾销商品，武汉经济严重衰退，所以贺衡夫等人的大冶源华煤矿公司复原计划基本没有实现。

受聘武汉大桥筹建委员会财务委员

1946年9月，贺衡夫接到武汉大桥筹建委员会聘请他为财务委员会委员的函，心情十分激动。修建跨越长江、汉水连接京汉、粤汉两路的大桥是他期盼已久促进武汉经济恢复和发展的重大事情，也是自清末以来社会各界广泛关注的利国利民之举。据历史档案记载，在武汉建第一座长江大桥的设想最早由湖广总督张之洞提出。1913年，在詹天佑的支持下，国立北京大学（今北京大学）工科德国籍教授乔治·米勒带领10多名土木系学生，到武汉来对长江大桥桥址进行初步勘测和设计实习，并建议将汉阳龟山和武昌蛇山之间江面最狭隘处作为大桥桥址，经武昌汉阳门、宾阳门连接粤汉铁路，并设计出公路铁路两用桥的样式。此次规划虽然未获实行，但其选址被历史证明为十分适宜的，与此后几次规划选址基本相同。1919年孙中山在所著《实业计划》中提到武汉修建长江大桥或隧道连通武汉三镇的问题。1929年4月，国民政府成立武汉特别市政府，市长刘文岛邀请美国桥梁专家华德尔来华，研商并计划长江建桥之事。但这次计划由于耗资巨大而无下文，且国民政府正忙于应付内部军事派系斗争，无暇顾及长江大桥的建设。1935年，粤汉铁路即将全线建成通车，平汉、粤汉两路有必要在武汉连通。由桥梁专家茅以升出面邀请苏联驻华工程顾问团合作拟定又一建桥计划。工程需要花费国币1060万元。由于集资困难，结果也不了了之。至1937年3月，长江南岸的粤汉铁路徐家棚站（今武昌北站）与北岸平汉铁路刘家庙站（今江岸站）之间以铁路轮渡通航，从此火车乘渡轮过江成为"江城一景"。

贺衡夫深刻体会到这四十年来工商界企盼修建武汉大桥便利交通发展经济的心情，也了解过几次修建计划的落空。如今，抗日战争结束，百废待兴，兴建武汉长江大桥的计划再度旧事重提，他为此事感到高兴。

在此之前，湖北省政府于1946年8月25日举行会议，决定邀请粤汉区、平汉区铁路管理局及中国桥梁公司共同组织成立武汉大桥筹建委员会，省政府主席万耀煌为主任委员，茅以升为总工程师。同年9月初，民国政府行政院工程计划团团长侯家源偕同美国桥梁专家鲍曼等考察武汉长江大桥桥址，并有中华民国内政部营建司司长哈雄文陪同美国市政专家戈登来汉视察。当时提出的建桥意见是：铁路和公路合并可降低造价，位置仍以龟山、蛇山之间为宜；为减少墩数、便利船运，决定改用较长跨度的悬臂拱桥，设4墩5孔，同时考虑到铁路干线运输日益繁忙，大桥可适当提高载重等级。

9月21日，武汉大桥筹建委员会以秘字第1号公函发出，聘请萨福均（南京交通部路政司司长）、凌鸿勋（南京交通部次长）等4人为本会顾问，聘请贺衡夫等26人为本会财务委员会委员。之后，贺衡夫参加几次武汉大桥筹建委员会的会议，提出为建桥事宜向工商界人士募集筹款的意见。令他遗憾的是，后因国共内战、经济困难，国民政府无暇顾及长江大桥的建设，武汉长江大桥的计划再次搁置。

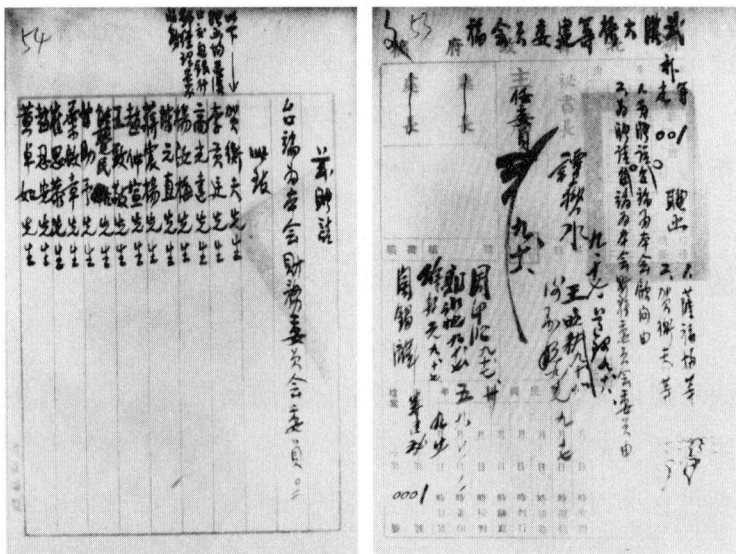

武汉大桥
筹建委员
会聘函

　　直到新中国成立后，武汉长江大桥在毛泽东主席的关怀下，经中央政府的组织实施，延聘苏联专家进行指导，于1957年10月15日建成正式通车。贺衡夫也有幸看到"万里长江第一桥"的宏伟壮观气象。

向中央吁请恢复汉口为直辖市

　　汉口市在抗战胜利复原后，国民政府乃调原第五战区政治部（驻老河口）中将主任、湖北省政府鄂北行署主任徐会之任汉口市市长。徐会之从1945年9月到汉接事之日起，至1949年2月底离职之日止，共计4年多。其间，他最积极做的一件事，即申办汉口市改制，将汉口市由湖北省辖市升格为民国政府行政院直辖的特别市。作为商会理事长的贺衡夫也参与了这一改制活动。

徐会之提出汉口市改制，主要有以下两个方面原因：

第一，民国中期汉口曾经是国民政府的直辖市。早在1926年秋，国民革命军北伐相继占领汉口、汉阳、武昌。1927年1月广州国民政府迁汉，是为武汉国民政府。于是发布命令，确定国都，以汉口、汉阳、武昌三城为一大区域作为"京兆区"，定名"武汉"。1927年4月16日国民政府批准在汉口成立三镇合一的武汉市政府。7月1日武汉市改为武汉特别市。武汉建市在武汉城市发展中是一件划时代的大事，从此武汉三镇摆脱了县、厅的狭小建置，首次形成了统一体。这不仅在当时有利于三镇的规划和建设，而且对后来也产生了积极的影响。

1929年4月，武汉实行分治，汉口市为特别市（含汉阳、汉口城区），直隶国民政府行政院；武昌市隶湖北省，是省会市。汉口特别市就是当时的直辖市，也是汉口最繁荣兴盛时期，市政发展的近代化水平在全国各开放城市中名列前茅。但到了1931年，汉口市受到洪水大灾后，元气大伤，百业萧条，作为本市经费的税源已属不敷，加之省库支绌，又需市税以资补充，这样国民政府便将汉口特别市降级为普通市，移归省辖，一直到1938年武汉沦陷前都为省辖市。

抗战胜利后，如今汉口仍为省辖市，在官员编制上受限，官员职位低。徐会之对此局面十分不甘心。过去汉口市为特别市时，市府所属有公安、社会、财政、教育、卫生、地政、工务、公用八个局，改为省辖市后，编制大大缩减，除公安局仍设旧局外，其余均缩编成科，科员人数减少。省辖市在经济上也受制于省府，市府税收收入每月须报省府统筹开支，而省府另设税捐征收处来操持实际征收之权。此时，徐会之以胜利者姿态归来，接任汉口市市长，面对大好河山，旧物复还，意气甚盛，如将汉口市行政级位提升为直辖市，岂不更有一番作为。

第二，汉口各界人士对恢复经济的企盼。抗战胜利复原时，汉口市一派衰落景象，首先是市区破败，房荒严重。日军占领汉口后，把龙王庙至王家巷江边的十几条繁盛街道拆卸一空，作为它的军事仓库。临到抗战胜利前夕，出于战事需要，美国机群对该地区进行地毯式轰炸，一元路以下地区摧毁殆尽。许多平民或栖身于残砖破瓦搭建的矮房中，或躲避于被炸毁楼房的危墙屋角下。其次是经济萧条，百业待兴。1946年下半年，汉口大小商店约有2万余家，大多数是由后方复原复业。久经流亡后，商家带回的只是有限的资金，而这点资金又多用于装修门面，像战前那样吞吐力很大的行号几如凤毛麟角。市面所见的行业也与过去不同，专事投机的小型纱号和钱铺充斥全市。美货泛滥，摊贩成林。最怪的是，大布店门口摆满了布匹摊、杂货摊，彼此相安，习不为怪。还有许多跑上海、广州来回贩运的单帮客，摩肩接踵，牟取厚利。这些极不正常的现象，正说明汉口经济日趋西下，畸形发展。

最后，人口减少，不及百万。汉口在抗战前的极盛时期，即1931年，全市人口是80万人（水面人口未计此列，估计有15万人），而在1946年10月，也就是胜利复原后的一年多，经省府调查，汉口市人口只有67万人（也不含水面人口，估计有10万人）。面对城市这种境况，汉口各界头面人物寄希望于民国政府提升城市建制规格，使汉口市能像15年前那样作为特别市归中央直接管辖，以集中人力财力，徐图复兴，再现往日的辉煌。故这些人士要求恢复直辖市的呼声很高。

其实，按当时的建置，汉口市人口不及百万，是不具备升为特别市的条件的。此事难度非常大。但徐会之有他特殊的优势。徐为黄埔一期的优秀生，在北伐战争和抗日战争中均有功绩。徐在中央还参加了一个秘密政治团体"共济社"，这个组织是以黄埔生为中坚，纠合了南京政府各部会中上层的一些骨干分子，对徐会之所提出的改制问题出谋献计，打通关节，对徐的帮助很大。还有，徐会之与陈诚有密切的隶属关系。陈诚为蒋介石的得力股肱、国民党军政界的显要人物，曾两次推荐徐会之，一次是1943年徐任第五战区政治部（驻老河口）中将主任时，陈诚提请蒋介石批准，调徐任湖北省政府委员兼湖北省政府鄂北行署主任；一次是1945年8月日本投降后，经陈诚推荐，行政院将徐调任为湖北省政府委员兼汉口市长。本省前辈大员如国民党元老、国民政府司法院院长居正和时任湖北省参议会会长的何成漘等，徐会之平时设法与他们接近。陈诚、居正、何成漘等也都支持徐的改制。此外，徐还有一个最为得力的工具，就是汉口市的参议会，议长张弥川也是黄埔一期生、共济会成员。其时参议会对汉口市的改制也有同样的迫切要求。因为汉口市如仍为普通市，则市参议会只相当于行署级的参议会，只能选出区域性的国大代表和立法委员各1人。一旦改为特别市，则可以依区域和职业团体分别产生10名国大代表、5名立法委员，还可选出2名监察委员，雄厚自己的政治资本。参议会是一个"民意"机关，可以打着百万市民的招牌进行要求。

据1946年12月19日《华中日报》报道，12月17日，市参议会决议向中央吁请汉口恢复直辖市问题，在德明饭店举行招待会，各机关首长、民众代表、各职业团体代表及新闻界记者500余人与会。市参议会代表阐明汉口改制之重要性，请各界予以协助。市商会理事长贺衡夫及农会、工会、教育会、妇女会等团体代表相继致辞，表示配合。

12月22日，汉口市各界代表在市参议会礼堂举行座谈会，表示各界民众对恢复直辖市要求极为迫切，一致主张迅电中央即行恢复本市为直辖市。开会时空气紧张，情绪非常热烈。各区区民代表会及市商会、市总工会、市房地产业公会等都向中央呈电。兹录市商会的电文原文如下：

南京国民政府主席蒋、行政院院长宋钧鉴：

查汉口为全国四大商埠之一，向曾直隶中

央，沦陷 7 载，文物摧毁殆尽。复原年余，因限于人力财力，不惟战前繁荣难复旧观，而市缠〔廛〕破碎，商业萧条，百业危机，有加无已。瞻言来日，怒焉心忧。倘能以市民之资力，谋本市之繁荣，自力更生，未始无望，加以中央协济，百业自可振兴。乃环顾市场，房屋之破碎如故，贸易之凋零如故，即今不图，譬如久病之夫，憔悴可立而待，救济之方，似应先保存此病夫之元气，即无参苓补剂可进，亦应使其元气不再损伤，必如此而后元气可复，藉以徐致健康。汉口市今日情势，无乃类是，是以市参议会一再吁恳钧座，准予恢复汉口市为直辖市，俾以市民之输纳谋本市之复兴，且使百万市民之痛苦得以陈诉。此乃全市民众一致之要求，谨恳俯顺舆情，迅赐批准。谨代表全市40万商民竭诚拥戴，肃电驰陈，不胜迫切待命之至。

汉口市商会理事长贺衡夫暨各同业公会叩。亥养。

（摘自《华中日报》1946年12月23日）

期间，市参议会又组织了一系列活动，多次轮番派代表团赴南京请愿、催促。结果，国民党中央于1947年3月通过了汉口市改设院辖市的决议案，交付行政院院务会议讨论。5月，行政院院务会议正式通过了此决议案，恢复了汉口特别市建制。然而，由于全国内战爆发，社会经济危机更加严重，物价飞涨，民不聊生，加之国民党内部矛盾重重，其统治已到最后岁月，汉口市改制并没有对城市的经济发展起什么作用，贺衡夫等人为此事的期望及努力也都化为泡影。

协助成立汉口市工业会

为克服工业复原在厂房租赁、机件添补等方面的困难，武汉工业界人士于1946年2月24日举行座谈会，决定成立中国全国工业协会湖北分会筹备委员会，推举了筹备委员，进行会员登记。4月16日，83个厂矿的会员代表165人举行中国工协湖北分会（后改名湖北省工业协会）成立大会，选举宋立峰为理事长。会址在汉口中山大道中央信托局内。协会成立后，进行了调查工厂概况、租拨工厂地基、请办工业贷款等工作。1947年5月，选举李荐廷为理事长。

1947年10月，国民政府公布《工业会法》，规定工业会以谋划工业之改良发展、增进会员之共同利益为宗旨。其任务为生产之研究改良与发展、会员合法利益之保障、技术原料器材之合作、会员之事业保险及计划调整、会员之设备制品及原料之检查取缔、工业产品之调查统计、会员纠纷之调处公断、会员公益事业之举办、劳资合作之促进及纠纷之协助调处、政府经济政策之协助推行、参加各项社会运动等。凡已加入商会的各工业同业公会均划出，属工业会会员。

　　贺衡夫积极协助、配合工业协会的成立工作，将汉口市商会中的各工业同业公会分离出去。1948年6月20日，经由面粉、碾米、植物油炼制、食品、机制卷烟、汽水机冰、机器棉纺织、染织纱布、机器染整、针织、制革、牙刷、机器、化工、肥皂、营造、砖瓦、机器锯木、印刷、电工器材等工业同业公会及既济水电公司、华新水泥公司、汉口打包厂、燧华火柴厂、福华弹花厂等企业代表93人筹备，汉口市工业会成立。贺衡夫出席了成立大会。大会通过了吁请政府重视内地工业、解救当前工业危机、不断争取输入限额的武汉区比额、扶植武汉区机械工业危机等4件提案。选举理监事、常务理监事，公举李国伟为理事长。会址设在汉口中山大道信托局三楼工业协会原址。在理监事会下成立5个专门委员会：输入限额分配研究委员会、工业燃料问题研究委员会、税则研究委员会、劳资纠纷调解委员会、工业经济研究委员会。其后一年多，根据工业会的任务，经常讨论如何发展武汉工业生产问题以及反映会员的意见。至于有关武汉工商界全面性的重要问题，如呼吁国民党军队减免工商界无理摊派，维护市场治安，以及解放初期完成国家税收等，则会同汉口市商会随时研究办理。直到1949年10月26日，武汉市工商业联合会筹备会成立，汉口市工业会才撤销。

"凑数的"国大代表

抗日战争胜利后，全国各族人民迫切希望的是两件大事，一是渴望和平，反对内战；一是实现民主，反对独裁。蒋介石为了欺骗人民，标榜要"结束训政，实施宪政"。于1946年11月，国民政府召开"制宪国大"，制定并通过了《中华民国宪法》，于1947年元旦颁布实施。接着，国民政府声称要"从速召集行宪国大，选举政府总统，好让国民党还政于民"，并定于1948年3月底至5月初举行国民大会。这是国民政府行宪后的第一届国民大会，史称"行宪国大"。所谓"行宪国大"是相对"制宪国大"而言。从1947年底开始在全国进行国大代表选举。为了表示实行"民主"和"多党政治"，就代表产生的来源来说，有地区代表，每个县市1人，人口在100万以上的2人，特别市名额依区域和职业团体分别产生10名；有职业团体代表，如教育会、农会、工会、商会、妇女会、律师公会、新闻记者联合会等；有宗教团体代表，如基督教、天主教等。就代表的党派来说，国民党党籍代表2000名，在代表总数中占绝对优势，其他党派及社会贤达500名，比例数字很小；并规定，国民党、民社党、青年党三党党员参加竞选，须由各所属的政党提名，只有无党派人士才可由选民签署手续登记提名。

在武汉，贺衡夫为无党派人士，是通过选民提名被推选为工商界代表参加国民大会的。早在1936年，贺衡夫即已当选为参加国民大会的湖北省商会代表。全面抗战爆发前的1936年5月，在国内团结御侮、一致对外的舆论压力下，国民政府颁布了《国民大会代表选举法》，并进行了首届国民大会代表选举。首届国民大会任务是制定宪法并决定宪法施行的日期。但因后来日本侵华形势步步紧逼，原定国大召开日期不得不一再延期。直到抗战胜利后才先后召开"制宪国大"和"行宪国大"。

湖北省的国民大会代表选举工作在1938年武汉沦陷前夕才结束。现从湖北省档案馆的国民大会代表选举卷宗中找到贺衡夫当选时填报的履历表，摘录如下：

国民大会湖北省商会代表当选人贺衡夫履历表

姓名：贺衡夫；字别：以字行；性别：男；年龄：五十一岁；籍贯：湖北汉阳县；所属团体：汉口市商会；从业年期：三十余年；现在职业：油商；现在住址：法租界同兴里十号

履历：

曾任汉口特别市党部劳资仲裁委员会委员；汉口总商会董事及执行委员；汉口市商会主席；湖北水灾急赈会执行委员；国民政府救济水灾委员会湖北分会执行委员；湖北水灾善后委员会执行委员；湖北救灾备荒会主席兼赈务组主任；湖北水灾救济总会常务委员；上海筹募各省水灾义赈会湖北省查赈主任，历经查放鄂豫山陕各省灾区义赈。

现任汉口市商会常务委员；湖北省赈务会常

务委员；湖北省禁烟委员会常务委员；汉口市政府参议；华洋义赈会湖北分会副会长；汉口市救济委员会主席；汉口孤儿院董事长；汉口油业同业公会主席；实业部中国植物油料厂董事；汉口既济水电公司常务董事；源华煤矿公司董事长；汉口商业银行董事；怡利油号总经理。

从这份履历表中可以看出，国共合作时期贺衡夫所担负的各种职务，以及作为国民大会湖北省商会代表当选人的资格和民意代表性。

时隔十年，贺衡夫又被选为"行宪国大"代表，他明白，蒋介石作为国民党总裁之所以匆忙召开"国大"，是想尽快通过国大选出总统、副总统，使自己的统治合法化，而对于老百姓并没有什么实际意义，自己只不过是充数凑热闹而已。他曾对朋友和家人说"我是个凑数的"。出于对选民的尊重，他准备去南京赴会。

据贺衡夫及一些湖北省国大代表回忆，1948年3月国大会议的主要任务是选举总统和副总统。关于总统这一宝座，无疑是归蒋介石的，因为他统治旧中国21年，集党政军全于一身，谁敢与他竞选呢？只有副总统一职成了"元老重臣"们争相角逐的目标。在五个副总统候选人即李宗仁、孙科、程潜、于右任、张君劢之中，李、孙、程三人是互相伯仲，而李、孙两人尤为各方注目的劲敌。

武汉是影响全国政局的枢纽。这次南京召开国民大会前夕，西南9省赴京出席的国大代表皆要途经武汉，所以武汉的政治空气便突然活跃起来。程潜（别号颂云）是武汉行辕主任，得地利之先，为竞选副总统做足了准备。以原汉口市特别市长刘文岛及与程潜私交很深的原第一战区司令部参谋长晏勋甫为首，组成了"助选委员会"，大张旗鼓地活动，把汉口豪华的德明饭店等包了下来，作为来自西南各省国大代表下榻之所，并在德明饭店大摆筵席，为代表们接风洗尘，湖北省的国大代表都出席助阵。宴会上，刘文岛以高亢的嗓音"为预祝颂公

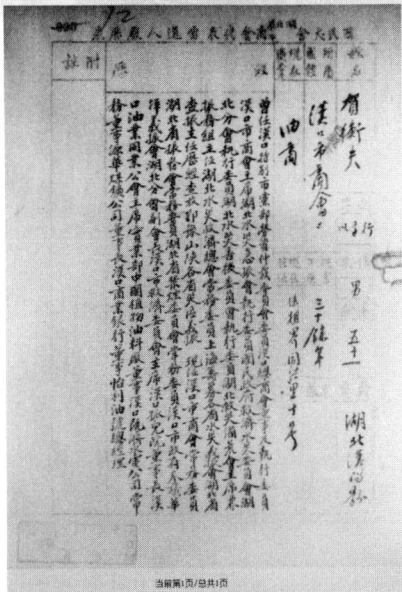

1938年贺衡夫填写的国大代表履历表

胜利当选副总统干杯！"程潜以东道主的身份，身着长袍马褂，频频举杯，向代表祝酒致意。"告老还乡"的何成濬议长与程潜系日本士官学校同窗，他坐在主宾席上，以"湖北家长"的身份要求代表们"以全票支持颂公竞选副总统"。李宗仁的"助选委员会"深知武汉处于重要地位，选派一些既是湖北籍人士又是在政治上具有活动能力的人或旧部，用隐蔽的方式替李宗仁拉票，给程潜造成不利的形势。武汉遂成为程潜、李宗仁竞选副总统的前哨阵地。

湖北的国大代表男女100多人，乘坐程潜"助选委员会"包定的"金陵号"客轮到达南京。1948年3月国民大会开幕，期间共举行预备会议6次，大会16次，会期长达34

天。总统选举大会1次，副总统选举大会4次。蒋介石当选总统。副总统在李宗仁、孙科、程潜、于右任、张君劢几派势力中角逐，第一场交锋时张君劢惨败，第二场选举时于右任又告落选，在第三场争夺战中程潜苦战失利。最后只剩下李宗仁、孙科两人取得副总统选举的决赛权。程潜落选后，他的这支庞大的支持者队伍即两湖的代表，就成了李、孙两人激烈争夺的对象，李、孙两方的"助选委员会"都不分昼夜地四处活动拉拢"两湖"的选票，所谓"两广决战取决两湖"，事实上此时"两湖"代表的选票多数是倾向李宗仁的，结果是李宗仁胜出。贺衡夫在这次会议中耳闻目睹许多肮脏的政治内幕和光怪陆离的现象，深感国民党已腐朽没落了。他没等会开完，就借故返回武汉。

在回汉口的途中，贺衡夫经过上海逗留了几天。当时在上海正爆发一场声势浩大的反对美国扶持日本的运动，简称反美扶日运动。这是一次以学生为主体，以上海为中心，波及南京、北平、天津、青岛、福州、昆明等大中城市的全国性群众运动。参加者除了学生外，还有教育界、文艺界、工商界乃至政界人士。这次运动是针对美国出于反苏反共的政治需要，对日政策从限制到放宽进而扶持日本的错误行为，使日本军国主义大有复活之势。这是中国人民无论如何都不能接受的。上海市政府对学生的示威游行和集会活动采取弹压的手段，军警还逮捕了一些学生。此时的市长正是原武汉市长吴国桢，吴也责骂学生的爱国行为。贺从上海市民和学生口中了解到反美扶日运动的一些情况和共产党的政治主张，表示同情和支持学生们的爱国行为及反饥饿、反内战、反迫害的活动，也进一步认识了美国和国民党政府的真实面目，对共产党产生了好感。同时贺衡夫由于长期与国民党军政官员打交道，对他们贪污腐败早已深恶痛绝。回汉后他给子侄们立下戒令，不为国民党从政做官。

以私人财产担保，解纱厂之围

1948年底，武昌第一纱厂在市面售出纱单上万台，无货可兑，实际是存纱全部暗地运往香港，副经理鲁寿安也随即去了香港。数以千计的持单人知道了这事，一片哗然。该厂总经理程子菊尚未走出，被持单人发现，就向他要货，并请贺衡夫出面主持公道。在千余人气势汹汹之下，程经理接收了大家的要求，可是又说当场无法做到，要让他出去设法，并请贺衡夫担保。贺衡夫立即慨然应诺。哪知程脱身之后便溜到香港去了。持票人哪肯罢休，相约找保人贺衡夫。当天衡夫家里内外挤满了人，他正患感冒，当即扶病接见，表示决不推卸担保责任，说着便嘱长子芥荪拿出一只小皮箱，当众打开说："这里面是我全部财产的契约股票。现金我拿不出来，我现在把这个皮箱交给你们，请你们处理。"他慷慨磊落的态度，感动了在场的人。大家说："我们知道这是纱厂负责人的责任，不能连累你倾家荡产，现在我们去找他们，找到了请你说几句公道话就行。"随即纷纷离去。此事直到解放后程回武汉才解决。

一波未平，一波又起。武昌第一纱厂负责人都走了，工厂不能开工，工人们生活无着，厂里生产设备势难保全。工人们就推代表找衡夫设法解决。衡夫认为这关系到工人及家属的生活和生产设备的保全问题，便把代表留在家中，自己到市政府去会见代理市长晏勋甫，请求协助。晏的答复是："我是代理市长，没有力量来管。"衡夫无可奈何，就以私人关系筹到银行1万元交给该厂才解决了复工问题。他说："一个人，为一家生活找到职业是多么的困难，我代赔偿损失只是偶然的事，在我也算不了多大的损失，在他们则可以解决一家人的生活。"衡夫在武汉解放前夕，本着平生助人为乐的本衷、急人之所急的义举，至今仍为知情的人们啧啧称赞。

武昌第一纱厂今貌

反撤迁反破坏，为武汉解放事业做贡献

发起成立武汉市民临时救济委员会

1949年4月，在解放战争节节胜利、南下大军已迫近武汉之际，国民党变本加厉，采取各种手段对工商界人士进行搜刮，在政治上进行迫害，同时还散布谣言，造成人心浮动，惶惶不安。工商界少数上层人士离汉去港，不少人也打算他去，情况相当混乱。正在武汉任华中"剿总"司令的白崇禧眼看大势已去，在逃跑之前，准备对武汉的生产设备进行拆迁和"爆破"重点设施。中国共产党武汉地下组织重视这一情况，通过各种关系与工商界上层人士分别进行联系，引导他们为了自己的生命财产和社会安全，利用商会这一合法组织与国民党展开斗争。

据汉口市商会常务理事兼棉花贩运业同业公会理事长王际清回忆，4月初的一天，中共武汉地下市委的宋洛和史林峰来到他家，代表中共中央中原局对他表示慰问，并向他讲解了全国解放形势和共产党的工商政策，要他运用在工商界的地位和影响，利用商会这一合法组织为人民解放事业做些有益的工作。王际清当时正处于极端苦闷徘徊之中，感到前途莫测，听了中共武汉地下党组织同志的一番话，十分感动，茅塞顿开。他当即表示要竭尽全力做好工作，不负共产党的期望。王际清与贺衡夫一向友谊较深，两人又是一起从重庆返回武汉的。他向贺衡夫转述了中共武汉地下市委对时局分析的看法，以及对工商业界的建议，贺衡夫表示赞同和拥护。之后陈经畬、贺衡夫、林绍周等工商金融界人士便与中共地下党组织建立了联系。为了安定商界人心，贺衡夫以汉口商会理事长的身份召集各同业公会负责人开会，讲解了当时形势和可能发生的情况，要求各行业保持镇定，照常营业，保证市场的正常供应。

4月上旬，传来百万雄师横渡长江的捷报，武汉解放已指日可待。白崇禧下令大修武汉城防工事，并以募捐为名向武汉工商界硬性摊派捐款和砖沙、水泥、钢材、木材等，逼令汉口市长晏勋甫立即筹集银圆以充军需。随后，贺衡夫在天津路怡庐家里以宴请为名，邀请了张难先、李书城、晏勋甫、艾毓英（时任省参议会副议长）以及工商界代表人物陈经畬、华煜卿、赵忍安、甘助予、王一鸣、赵厚甫和王际清等开会商量。这天，贺衡夫家陆续到会者达50余人，客厅里挤得满满的。经反复研究，大家决定利用湖北省政府《应变方案》中所说的，"为适应形势需要，人民可以组织团体维持自己"的规定，组织"武汉市民临时救济委员会"，一方面与国民党展开"反撤迁、反破坏"的斗争，防止国民党撤退时进行破坏活动，保卫城市完整；一方面预筹现金，分散保存，以备急需，并做好迎接解放军进城的各项准备工作。

同时在工商界展开宣传，安定人心，迎接解放。市民临时救济委员会办公地点就设在汉口市商会内，下设总务、治安、财务、联络、服务、交通等组，并成立汉口、武昌、汉阳三个执行处，各处设主任。

武汉市民临时救济委员会（前排右一为贺衡夫，右三为张难先）

4月23日南京解放后，为防止国民党军队对武汉进行大规模破坏，张难先、李书城等以地方耆宿的身份，联名给白崇禧写信，提出有关维持武汉地方秩序的要求。

119

被迫离汉赴香港

事后，衡夫听说白崇禧把他看成是亲共分子，将采取不利于他的行动，因此平日不敢住在家里。这个消息绝不是空穴来风，后来得到了证实。当时中共地下党成立了以陈克东为领导的"策反小组"，策反小组重点做湖北省会武昌市警察局长胡慎仪的工作，向胡宣传形势和党的政策，劝他赶快倒向人民。经过做工作，胡慎仪答应了陈克东提出的几点要求：一是把省会警察局机关人员争取过来；二是稳定警察人员，把武装争取过来；三是稳定社会秩序，镇压流氓抢劫分子；四是把上级情报向中共地下党汇报。这几点胡慎仪基本都做到了，尤其是当他听说国民党要逮捕武汉工商界著名人士陈经畲、贺衡夫时，就赶紧向中共地下党报告，由地下党人通知到陈、贺等人，令其躲藏起来。贺即住进在中央信托局工作的一个朋友宅中。

5月8日下午，他的长子芥荪忽然接到市商会常委王际清的电话，问衡夫先生在家没有，现有人找他。芥荪情知有异，入夜，就将大门紧闭。当晚9时许，二十几名国民党武装暴徒乘坐巡逻车疾驰至汉口洞庭街王际清家，自称是"奉警备司令部命令来的"，闯入室内进行大搜查，结果未搜到任何"违禁物品"，便把王际清带走，一同前往贺衡夫家。

5月9日凌晨2时，贺芥荪忽闻紧急叩门声，知祸事临头，就躲在隔壁大冶源华煤矿公司驻汉办事处暗楼内。这时来了一辆黄色大卡车，涂着"警备堡垒"四个字，车上架着机关枪，数十人头戴钢盔，手持长枪、手枪，越墙闯进门内，到处搜捕衡夫。暴徒们一看贺衡夫不在，暴跳如雷，满屋翻抄，威逼贺的长媳陈寿玲说出贺衡夫的去向。由于未问出什么来，他们又在大厅内让陈寿玲站在一条长凳上，用竹筷夹其手指进一步逼供，还将贺家看门工友和厨师吊打拷问。一些暴徒在各个房间翻箱倒柜，把细软财物搜刮一空。躲藏着的贺芥荪对一墙之隔的家中动静，听得真切，怒火中烧，本想出面与之论理，不料跳下暗楼时，把腿跌成骨折，致终身跛脚。暴徒们劫到财物后仓皇离去。芥荪被送到普爱医院诊治。他强忍着伤痛，把家中发生的事设法告知了父亲。衡夫随即打电话询问武汉警备司令部副司令邬浩，答复是不知道，没有下达这个命令。后他又"辟谣"说"这纯属误会"。

次日，陈经畲往见"华中剿总"政务委员会秘书长胡宗铎。张难先亲自找到白崇禧，就王际清和贺家发生的事进行质问。白推说"毫无所知"，但又表示他有失察之责。最后他警告说："贺衡夫必须即日离开武汉，否则后果自负。"衡夫及夫人因而被迫乘车南下去了香港，临走时只派司机到武汉文华中学接长孙贺锡勤和长外孙王家驶，一同带他们走。后来胡宗铎出面动员王际清妻子劝王际清离家隐蔽，爆破队随即侵占了王的住宅。

"武汉方式"的和平解放

5月10日武汉市民临时救济委员会正式成立。接着开始公开活动，他们派出30多人在汉口主要街巷张贴《武汉市民临时救济委员会通告》。内容如下：

武汉市民临时救济委员会通告（于省参议院）

前因战火迫近武汉，恐一旦延及市区，则灾害难免。武汉人民团体、慈善团体、省市耆宿及社会热心公益人士，本此情势需要，共同组织武汉市民临时救济委员会，办理临时救济及维护全体市民安全事宜。刻下局势转变，武汉已成真空地带，自应加强负责，维持地方治安，保护人民一切生命财产。当此非常时期，务望我全体市民同胞发挥互助精神，竭诚合作，力持镇静，各守岗位，各安生业，以期安堵如常。倘有不肖之徒乘机扰乱，肆意破坏，或杀人放火，或抢劫奸淫，或寻仇报复，定当执行人民之公意，立予逮捕，交付严惩。特此通告周知

常务委员会召集人

张难先 李书城 耿伯钊 夏斗寅 艾毓英

陈　时 陆德泽 贺衡夫 陈经畲

中华民国三十八年　五月十六日

近代武汉爱国实业家贺衡夫

武汉市民临时救济委员会通告（于省参议院）

在中共武汉地下市委的领导下，救济委员会组织工人护厂护店，依靠群众，做好配合保卫水厂、电厂、邮电、车船、码头、工厂等重要设施，联络维持武汉真空期间治安的武力，储备粮食以备急需，迎接解放军进城等项工作。当时，国民党武汉守备区司令鲁道源和保警总队胡武等向工商界强行勒索，并扬言要对武汉城市建设和交通进行破坏。中共武汉地下市委紧急动员工商界采取应变措施。在临时救济委员会配合下，汉口市商会向各商业同业公会筹集银圆25 000余元，汉口市工业会向各大工厂及工业同业公会筹集银圆9 600余元。

1949年5月11日至15日，工、商两会负责人及代表将筹集的银圆以"酬劳费"的名义分别给武汉守备司令部送去7 050元，给保警总队送去16 300元，给警备司令部稽查处送去400元，给市警察局送去3 420元，给市政府工程处送去2 500元，给汉口民众自卫队送去240元，给武汉轮渡管理处送去100元，给水警局、公路局等处各送去若干元。以上总计付出银圆30 106元2角。另外，工、商两会购买面粉1 175袋、大米217石，由市警察局、保警总队、水警局、孤儿院等领去。救济委员会联合汉口市商会、工业会筹集的救济款和粮食还分送给各维持治安部队，以维持社会秩序，避免了军警和民众的流血冲突，顺利地保证了人民生命财产安全及重点场所和区域的安全，使汉口平安度过了真空期间。1949年5月16日清晨，汉口各界代表热烈欢迎中国人民解放军进入市内。

武昌方面，在中共地下党组织的支持下，武昌市商会报经武昌市政府批准，于1949年5月12日组成"武昌市民众自卫总队商民大队"，以周家泉（武昌市商会常务理事）为大队长。商民大队领到七九步枪108支，又从湖北省会警察局暂借步枪150支。在真空期间，商民大队执行站岗巡逻等任务，并与水厂、电厂、电话局等护厂工人联系，共同防止匪特破坏。5月17日晨，部分解放军渡江，受到武昌人民热烈欢迎。5月18日救济委员会改组为"武汉市临时治安委员会"继续工作，至5月24日撤销。

解放军进城后，由于后勤供应未跟上，物资运输有困难，暂向汉口市商会、工业会筹借大米、面粉、木柴、煤炭、马料、黄豆等物资，提出将来还实物或折价还款。汉口市商会、工业会于5月21日邀集各业公会负责人开会，各业当场认借二道机米，由商会开具借条，交军方分往指定地点提取。其他物资则由商会向各有关单位代借。中原临时人民政府财政部于1949年9月12日登报通告，指定华中粮食总局与汉口市商会具体商定偿还办法，希望各军政单位持正式借据向市商会领取物资。到9月26日军政各单位已全部还清所借物资。至此，汉口市商会也圆满完成了筹办军粮、支援军需的任务。

关于临时救济会在武汉解放中所起到的作用，近代史学家皮明麻先生给予很高的评价，称这是创造了"武汉方式"。他认为：

> "武汉方式"是解放战争中独一无二的，也是战争史上绝无仅有的。这样的和平方式对于全国的解放，意义非常重大。

> 首先，动摇了白崇禧20多万兵力的军势。当时汤恩伯集团和白崇禧集团是国民党残军的两股主力。前者被我军击败，后者被我军所逼走。白崇禧集团在南撤时，军心动摇，不久就在衡阳宝庆被我军所歼。在解放武汉过程中，我军争取了部分国民党守军的起义。当时的华中"剿总"副司令及十九兵团司令张轸率领两万多人在金口起义，瓦解了敌军，壮大了人民武装。这些都有助于倾覆国民党统

治，迎接新中国在当年10月1日诞生。

其次，武汉解放加速了华中华南等地区的解放。武汉是中原重镇，是白崇禧搞六省联防的中心城市。此次我军迫使其南逃，声势所至，也动摇了国民党在华中华南其他地区的统治。武汉解放不久，长沙和平解放。如果武汉发生决战，我军仍需集结和增兵，战斗也需要时日，战后还需要休整，势必影响华南进军的时间。

另外，团结教育了人民，凝聚了社会进步力量，完整地保护了城市，避免了在武汉市区决战的战火，为建设武汉打下了广泛的群众基础，准备了干部条件。解放初期，武汉迅速发展，与和平解放的特殊方式是不可分的。

贺衡夫虽然在武汉解放前夕被迫离开武汉，但他为武汉和平解放所做的工作和贡献被人们所铭记。解放后有一首民谣《夸武汉老店旧铺》中称赞道："纱厂大亨贺衡夫，支援解放立过功。"

参政议政，为建设新中国出力

党派人接贺家回武汉

1949年5月，贺衡夫伉俪抵港后即住在湾仔的六国饭店，他们的长孙和长外孙与他们同住。他的次子、子媳及其6个子女先于他们之前到达香港，并租房住下。全家生活暂时安定。由于正在读高中的长孙、长外孙中断学业，贺衡夫设法找到住在九龙的一位北大外语系教授教这两个孩子学习外语。日后这两个孙辈回到内地考取了著名大学，毕业后成为新中国第一批科技、医学人才。

贺衡夫每天读书看报，十分关注内地的时局发展形势和武汉解放后的社会秩序、工商业状况及自家企业的生存问题。大约在这年的12月上旬的一天，他在香港的一份报纸上得知，12月4日，中央人民政府决定成立中南军政委员会，武汉作为中南区首府，隶属中南军政委员会，而且看到在中南军政委员会委员的名单上赫然有自己的名字。这让他的内心久久不能平静，暗想：我还是有用之人啊！同时他也十分惦念着在武汉的长子及其他家人。

此间，也有一些朋友力劝他到台湾去办企业，但贺衡夫都拒绝了。一天，有一位在上海纱锭厂与他共同持股的朋友打来电话，告知国民党从上海撤退时把上海纱锭厂的全部纱锭运到台湾，拟在台湾重建一个纱锭厂，让贺衡夫到台湾后主持经营工厂；如他不想从事工业，亦可接收一笔可观的补偿款以作他用。接着，这位朋友还说，只要他去台湾，保证他全家衣食富足、安居乐业。贺衡夫沉思了片刻答道："台湾我是决然不去的，香港也是暂住，我的根在内地，我的许多家人也都在内地。我终究要回武汉做工商业的。这笔补偿款我愿意放弃。"

当时，居住在香港的武汉工商业界同仁很多，像被誉为"长江航运巨子"的民生实业公司总经理卢作孚，武昌第一纱厂的程子菊、何祥林，申新纺织公司的李国伟（荣毅仁的女婿）、震寰纱厂的刘梅生等，个个都是鼎鼎大名的实业家。在港期间，他们之间都互有来往联系，也常在一起议论内地的政治经济情况及个人的去留问题。

武汉解放后，党中央指出，"估计进入武汉，在经济问题上需要很好地得到资本家的合作，应派得力干部做他们的工作，鼓励他们，恢复工厂，组织生产"。中共中南局根据党中央和中央政府的指示，对那些为解放事业做过贡献的、有影响力的党外民主人士和民族资本家积极开展统战工作。1949年末，时任中南局常委、统战部部长的张执一，委托李文放会同武汉工商界代表华煜卿、干际清、余金堂、秦育之等赴香港动员贺衡夫等人回汉。华煜卿为申新纺织公司副经理，解放前夕已加入中国共产党了。余金堂，湖北孝感人，1937年加入中国共产党，1946年回到武汉以工商业者身份为掩护从事党的经济工作。秦育之，汉口棉花同业公会常务理事，此时也是中共党员了。

李文放是一名工作细致、长相俊秀的女同志，当年只有20多岁。她是中国人民解放军第四野战军政治部的团政委，随四野由东北南下，进武汉后任军管会秘书处负责人。1949年11月，李文放带着一名姓孟的处长、一名姓靳的秘书及警卫员从武汉出发先去广州。由于汉口至广州有一段铁路之前被国民党炸毁了，火车不通，他们只好辗转由汉口乘船到九江，再乘火车取道南昌去广州，行程相当艰辛。到达广州后，因当时香港敌我战争形势紧张，李文放考虑带警卫员目标过大，就只带处长和秘书赴香港。此时华煜卿等工商界代表也相继秘密到了香港。

在香港的20余天，李文放一行与十余名武汉在香港的知名党外民主人士和工商界巨子取得了联系并进行面晤。其实，他们之中许多人也想回来，但对当时国内的形势和中共政策都不太明了，不敢轻举妄动。李文放对他们进行了耐心的宣传解释，余金堂、华煜卿等人也以亲身经历、体验和见闻劝导他们回汉，让他们消除顾虑，鼓励他们为新中国的建设贡献力量。

贺衡夫与余金堂、华煜卿、秦育之、甘助予等人会见后，被他们的诚恳态度所感动，决意带领全家离开香港回武汉，而且他强调一个也不要留下。同时带回40万美金支票。可见他对共产党抱有极大的信任。华煜卿之子华楚珩在《记先父华煜卿的几件事》（见《武汉文史资料文库·历史人物》）一文中记载："1949年11月，中南统战部派孟处长等，加上先父和秦育之、王涛、甘助予去港。王做科技人员工作，秦和甘做贺衡夫等人的工作；先父主要做李国伟的工作。"又据武汉著名的周恒顺机器厂创办人周仲宣的儿子周英柏、周兹柏在《周恒顺机器厂的发展与经营之道》（见《湖北文史集粹·经济》）一文中回忆说：

> 武汉解放后，我陪爱人治病滞留香港。一日，路上无意中遇见余金堂。他正衔命赴港向在港的武汉工商界朋友宣传党的政策，并欢迎他们回来。于是我邀请了李国伟、刘梅生两位来家与金堂晤面。金堂详细介绍了武汉解放后的情况和党对民族工商业的"公私兼顾，劳资两利"的政策，以及党帮助武汉工商业恢复生产的一些事例，大家听了都感到非常新鲜。以后又分别聚会了几次，并到六国饭店去拜会了贺衡夫。通过余金堂的耐心讲解，消除了大家的许多疑虑。广州解放后，华煜卿和王涛又由陆路来港，以切身的体会谈到党的工商政策，更使大家放了心。于是李、刘、贺几位都先后返回武汉。

1949年底，贺衡夫夫妇一家跟随李文放一行从香港启程到达广州。他的次子贺荷孙一家则晚几天才离港回汉。至此，原在香港的全部亲属都回到祖国内地。这次与贺衡夫同行的有吴晋航、程子菊、程拂澜、王璧双、胡芹生、徐一诚等工商界人士十几人。他们在广州停留了三四天后，乘坐专门的火车回汉，解放军派了一个连的部队护卫这辆火车。这次经粤汉路回汉途中，同样是一波三折，火车不幸遭遇了土匪，所幸有相关部队协助，才得以击退土匪，护卫队安全地将这批统战人士护送回汉。李文放由于在统战工作中做出了突出成绩，被中南局统战部推荐参加1950年在北京举行的全国第一次统战工作会议，受到了毛主席的亲切接见。

"愿尽人民的责任为祖国服务"

贺衡夫一行人在1950年元月3日抵达武汉，中南局、湖北省、武汉市党政有关领导及工商界代表一百余人到车站迎接，场面十分隆重、热烈。贺衡夫在车站接受了记者的采访，并发表了充满激情的讲话。当年由武汉市军管会主办的《长江日报》于1950年元月4日出版的报纸在第四版以"中南军政委员贺衡夫由港抵汉盛赞祖国新气象将为国家建设"为标题刊登了报道文章。

本报讯　中南军政委员兼武汉市劝购公债委员会副主任委员贺衡夫先生，偕本市工商界人士吴晋航、程子菊、程拂澜、王璧双、胡芹生、徐一诚等先生，于昨（三）日下午九时自香港经粤汉路回汉。昨日抵汉时，武汉市人民政府吴德峰市长、中共中央中南局统战部张执一部长、中共湖北省委统战部邝林部长、武汉市军管会交际处史林峰处长及本市工商界代表百余人，均亲往迎接。据贺先生语记者，此次离汉虽不过半载，但国家气象已隔一世纪，但以旅途劳顿，难能作有系统的说明。现在仅能就几点印象最深的来谈谈：第一，我生平曾亲见过多次内战和对日抗战，在每次战争中都有破坏，但即使是臭名昭著的封建军阀和最无人性的日本法西斯的破坏手段，都没有这次蒋白匪帮在死前挣扎中的破坏来的令人切齿。这次我从粤汉路上见到蒋白匪破坏的遗迹，使我更具体地了解到蒋白匪空前绝后的毁坏人民祖国财产的无可赦宥的罪行。第二，正因为我亲眼见到蒋白匪对人民祖国财产破坏的孽迹，更亲眼见到我人民政府在很短的时间内修复了粤汉路，使我更具体地了解到人民政府为人民服务的精神和超过我个人想象之外的建国力量。第三，在我留港期间曾亲眼见到香港同胞爱国热忱的日益昂扬，中央人民政府的成立和毛主席的当选等消息都带给他们以无限的力量。他们一方面和匪特斗争，一方面用难以形容的热情欢庆新中国的诞生，使我深深地感到人民力量的伟大。第四，我已是年逾花甲的老人，仍愿尽人民的责任为祖国服务，但唯恐心余力拙。此次蒙中央人民政府不弃，委之以重任，自当加紧学习，竭尽绵薄，为国家建设和完成胜利劝购折实公债的伟大任务而努力。

1950年元月4日《长江日报》登载贺衡夫由港抵汉的报道

　　1950年2月5日，贺衡夫出席了中南军政委员会在汉口的成立大会。中南军政委员会是一级地方政权机关，又为中央人民政府政务院领导地方政府工作的代表机关，辖河南、湖北、湖南、江西、广东、广西6省及代领武汉、广州两直辖市，驻地为武汉市，林彪任主席，邓子恢、叶剑英、程潜、张难先任副主席，卜盛光等71人为委员。贺衡夫被任命为中南军政委员会委员，兼中南财经委员会委员。

　　1950年4月，中央人民政府委员会第六次会议批准组成武汉市人民政府委员会，市长为吴德峰，委员28人，贺衡夫为委员之一。至此，武汉市人民政府接管了前汉口市、武昌市、汉阳城区旧政府机关。之后贺衡夫先后出任武汉市政协委员、市人民代表、市工商联筹备委员会主任委员等。贺衡夫认识到，中国共产党正领导全国人民进行伟大的社会主义建设，国家的工商业必然会得到迅速发展，这正是自己几十年追求的理想和奋斗的目的。

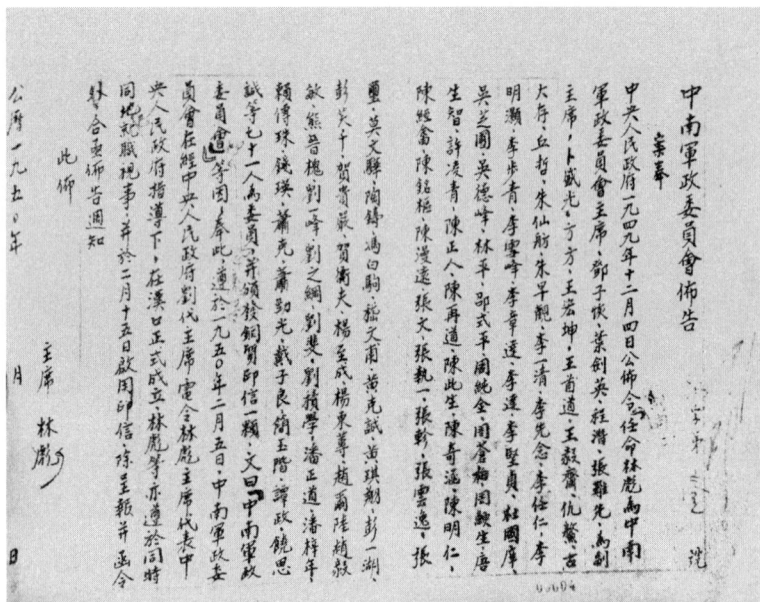

中南军政委员会成立布告（湖北省档案馆藏）

就任武汉市工商联筹备委员会主任委员

为了加强党对工商业的领导，1949年新中国成立前后，国家首先对旧社会的商会、工业会重新进行了制度安排，在此基础上构建了全国性的工商联组织体系。1949年8月，中共中央发出《中央关于组织工商业联合会的指示》，做出了将商会改组为工商业联合会的正式决定。全国工商联筹备会于1949年成立，各省市先后成立了工商联筹备委员会。同年9月，武汉市召开第一届各界人民代表会议，工商界建议成立新的统一组织。武汉市政府责成工商管理局于同年10月26日指导成立了市工商联筹备委员会。筹备委员由武汉市政府遴聘，早期确立有90人。11月，筹备会接管了原汉口市商会、汉口市工业会、武昌市商会及汉阳县商会，并在武昌及汉阳设立办事处。会员代表包括私营工商业者、手工业者、行商、摊贩，以及国营、公私合营、合作社的团体代表，成为对资本主义工商业实施管理及开展社会主义改造的重要组织基础。至1952年11月，正式成立武汉市工商业联合会。

今日的武汉市工商业联合会大门

今日的武汉市工商业联合会主楼

武汉市工商联筹备会成立时，贺衡夫尚在港居住。待贺衡夫回汉后，原市工商联筹委会主任委员陈经畲因提升为武汉市副市长，便辞去该职。经市工商联筹备委员会全体委员的推举、市委统战部安排，由贺衡夫担任市工商联筹委会的主任委员。

武汉市档案馆藏有1950年贺衡夫就任武汉市工商联筹备委员会主任委员的全套档案。其中，4月17日武汉市工商联筹备委员会呈报武汉市人民政府工商局的函（联筹字第1021号）记载：

查本会主任委员陈经畲，因奉令就任本市副市长，来函辞去主任委员职务，业经本会于四月十五日呈报在案。兹经四月十六日本会筹备委员会全体一致公推本会副主任委员贺衡夫继任主任委员，理合呈请监核备案为祷。

谨呈

武汉市人民政府工商局

武汉市工商业联合会主任委员　陈经畲

副主任委员　赵忍安　王一鸣

甘助予　陈焕章　华煜卿

曹美成　贺衡夫

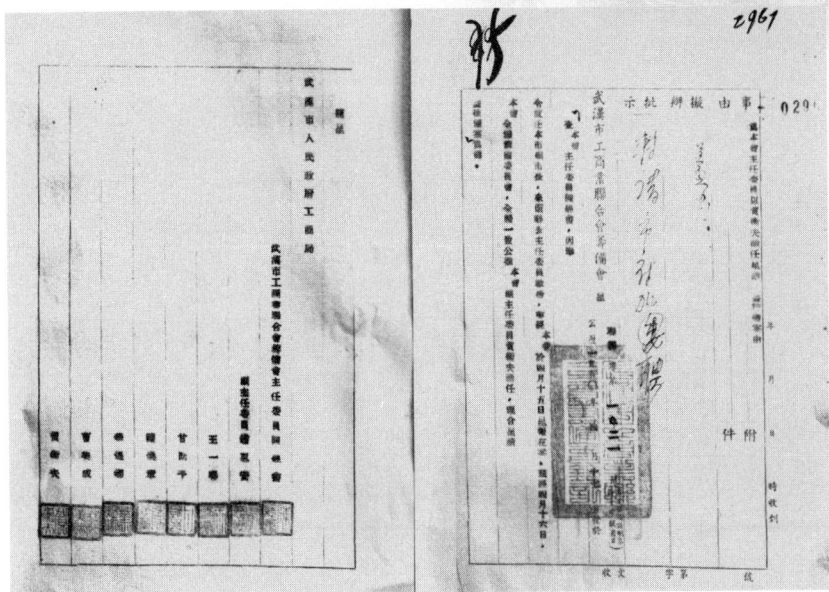

1950年4月17日武汉市工商联筹备委员会呈报武汉市人民政府工商局的函

4月20日，武汉市人民政府工商局以"据工商联筹会呈以贺衡夫继任主任委员一案转请加聘"事由呈报武汉市人民政府的函（2967号）记载：

据本市工商业联合会筹备会本年四月十七日联筹字第1021号呈称："查本会主任委员（云云至）理合呈请监核备案"等情，理合转请监核并新加给聘状以专责成为祷。

谨呈

武汉市人民政府市长吴，副市长周、陈

工商局局长王

副局长文

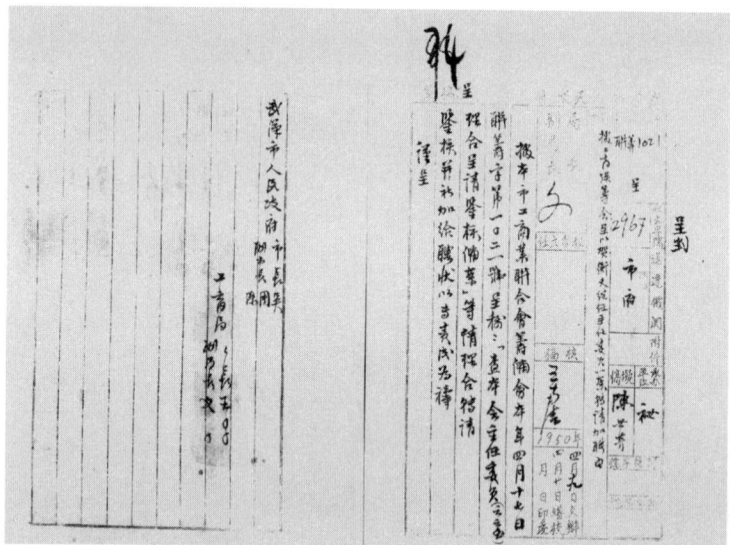

武汉市工商局呈报武汉市人民政府的函

4月22日，武汉市人民政府函【（50）市商字第0134号】记载：

　　事由：附发本市工商业联合会筹备会贺主任委员聘书一纸希转发由

　　4月20日商秘字第02967号呈，以据本市工商业联合会筹备会呈称：本会主任委员陈经畲奉令就任本市副市长职，函辞主任委员职务，经全体筹备委员会一致公推本会副主任委员贺衡夫继任，转请加聘等情；我们同意，特检发聘书一纸，希即转发为要。

　　此致

工商局（附发聘书一纸）

　　　　　　　　　　　　市长　吴德峰

　　　　　　　　副市长 周季方　陈经畲

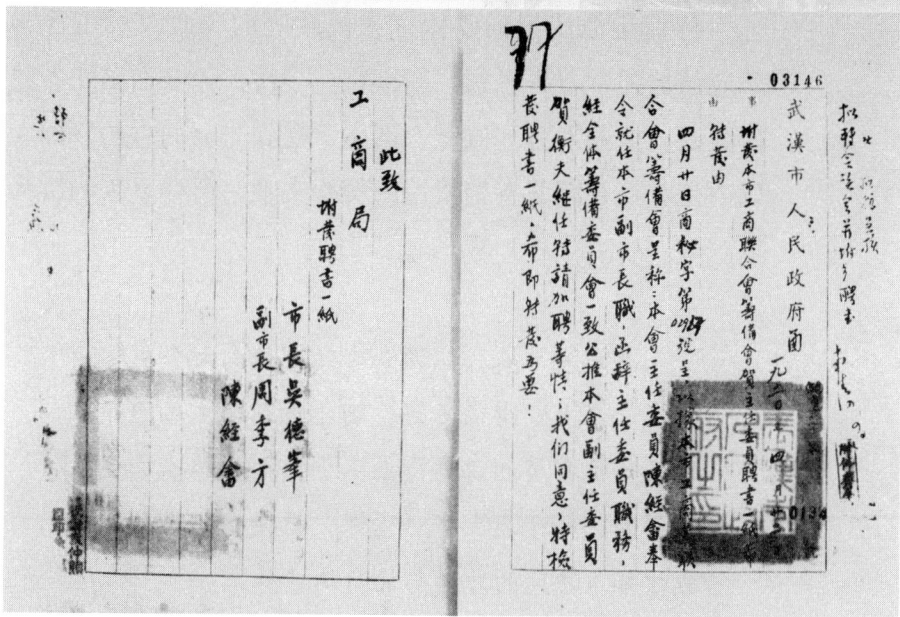

武汉市人民政府批复贺衡夫继任市工商联筹委会主任委员的公函

与民国时期的商会相比较，新中国成立后的工商联可以说是商会制度的又一次重大转型。工商联组织在党和政府的直接领导下，以私营工商业者为主要工作对象，成为对资本主义工商业实施管理及开展社会主义改造的重要组织基础。贺衡夫此时就任武汉市工商联筹备委员会主任委员，自然与他在解放前就与中共存有历史联系，解放后能够认同社会主义路线、思想觉悟较高以及在工商界有很高声望有密切关系。

贺衡夫于1950年4月17日正式履职视事，会内各项工作仍照常推进。职务和荣誉意味着担当和服务。他感到党对自己的极大信任，也感到肩上的责任重大，便全身心地投入各项工作中。

特别是他认识到要做好人民政府的参政议政工作，就应该加强学习新思想、新事物。一次，他参加湖北省政协会议，他的发言和诚恳、谦虚，受到与会同志的好评。以下是收藏在湖北省档案馆的贺衡夫唯一留存下来的讲话稿。

我以湖北人民工商业者的身份向大会庆贺。我在学习上觉得很不够。刚才听到李主席的开幕词及各位委员的讲话得益不少，尤其郑委员位三所讲的，等于我上了一堂课，更使我感动。现在我才知道协商的方式与协商的精神。

刚才刘委员提到"包袱"与"尾巴"问题，我也想就这两点说几句话。这十个月以来，因有共产党的教导，工商业家的包袱卸了不少。相信自土改完成以后是可以卸完的。至于砍尾巴比较难一点，有许多工商业者还在彷徨，希望政府予以扶助，尾巴也是可以砍掉的。前听见一工人说，他原来只挑一百斤，现在因为国家困难，他要挑一百五十斤了。我听了也很感动。我的力量本来很有限，但是我也是湖北人民之一，我在湖北也要勉力，一样的挑一百五十斤，为克服财政困难与建设新中国共同而努力。

最后祝李主席及各位委员健康！

近代武汉爱国实业家贺衡夫

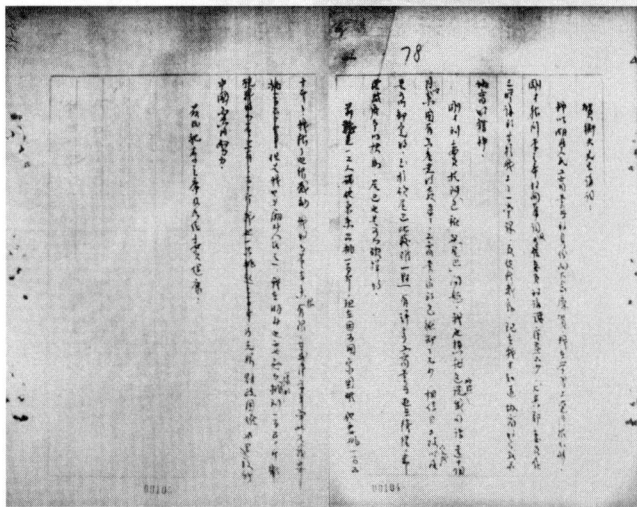

贺衡夫讲话稿手记

协助政府恢复经济和加强工商管理

武汉解放初期，党对工商界政策是"公私兼顾、劳资两利、城乡互助，内外交流"，以达到发展生产，繁荣经济的目的。但一般工商业者对于政府保护工商业政策了解不够，有些顾虑和怀疑，曾流传出"看红旗五心不定，扭秧歌进退两难"的话，导致工业生产很低落，商业经营不积极。为了解除工商业者的疑虑和困难，市政府采取贷款、加工、收购组织生产自救等多种形式，扶植企业生产，帮助企业摆脱困境。市工商联筹备委员会给予积极协助，到工商业者中间收集意见，了解他们的困难，宣传政策措施，消除他们的顾虑，推动他们恢复生产和经营。

党号召工商界建立新的商业企业，工商联筹委会负责人不仅做宣传动员工作，还带头创办新的企业。如王际清组织的大新公司、张吟秋组织的新民公司、林厚周组织的大众公司、姜惠庵在汉口如寿里口新开的糕点店等，在发展生产、消除顾虑方面起了推动作用。从香港返汉的工商界人士回汉后，把带回的资金注入企业，致力于经营，对解放初期武汉的经济恢复和发展，起到了功不可没的作用。

为了学习东北及华北先进地区工商业恢复和发展的经验，于1950年6月至8月，市工商联筹备委员会和工业生产协进会共同组成的武汉工商界东北参观团，前往参观北京、哈尔滨、长春、沈阳、旅大、天津6大城市。回汉后，参观团成员对全市工商业者进行大会传达，并连续3天在广播电台发表观感，推动武汉工商企业的恢复和发展。

1951年6月，中南区贸易部举办第一届土特产展览交流大会。市工商联筹委会发动51个行业参加，展品总计2 458件，交易总额达1 000多亿元（旧人民币），武汉团为中南区各省第一名。

新中国成立，市人民政府首先从粮、棉、纱、布、油、盐、煤炭、牙行（注：旧时提供场所、协助买卖双方成交而从中取得佣金的商号或个人）等8个商业行业开始办理工商业登记工作。1950年5月，《中南区工商业登记暂行办法》公布，市工商联筹委会积极协助政府办好登记工作，通知各同业公会，要求按照登记办法规定，认真办理手续，让政府了解武汉工商业实际情况，以保护正当工商业者的合法经营，达到发展生产、繁荣经济的目的。1950年12月至1951年1月，市工商联筹委会又协助政府进行普查工作，进一步贯彻登记办法的执行，加强市场管理。

购买公债　募款捐献

1950年初，为支援国家经济建设，国家发行"人民胜利折实公债"，全市认购651万份，分配市工商界认购500万份。就在贺衡夫回汉的元月3日这天，武汉市劝购公债委员会宣告成立，并安排贺衡夫为副主任委员。贺衡夫自己带头购买公债，并在市劝购委员会领导下成立市私营工商业劝购公债委员会，在武昌、汉阳两区办事处及汉口各同业公会分别成立劝购分会，调查研究各业具体情况，按照劝购额采取民主协商的方法分配到各业，再由各业公会劝购到户认购。在认购时，有人想到国民党发行公债兑现很少，以致认购不踊跃，贺衡夫与市工商联筹委会委员们就反复宣传中国共产党是为人民服务的，说话是算数的，不能同国民党相比。仅3个月武汉工商界购买胜利折实公债达389万份，折合人民币995.84万元终于基本完成了任务。

贺衡夫领导的市工商联筹委会多次发动工商界捐献社会经费。1949年自春至冬，全国相继发生旱、冻、虫、风、雹、水、疫等自然灾害，其中皖北、苏北、河北、河南等地遭受水灾严重。1950年初，为救济皖北、苏北、河北、河南等地受灾同胞，市工商联筹委会发起募款捐献活动，向灾区捐献18.6亿元（旧人民币，下同）。

武汉码头工人数量多、人员复杂，难以控制，国民政府时期曾花费很大的力气对其进行管理，但都成效不大。

解放后，过于庞大的武汉码头工人群体促使劳资关系、劳工关系、码头工人与政府之间的关系趋于紧张，在一定程度上阻碍了城市经济的恢复和发展。市政府动员和鼓励武汉部分码头工人转业，从事其他工商业劳动，并发给辅助费。市工商联筹委会大力协助政府做码头工人转业工作，募款捐献17.3亿元，交市码头管理委员会统一分配。

积极支援抗美援朝运动

1950年6月，朝鲜战争爆发。10月中国人民志愿军赴朝作战。11月4日，中国共产党与各民主党派发表《抗美援朝保家卫国》联合声明，号召全国各族人民团结起来，反击美帝国主义的侵略行为，在全国开展抗美援朝运动。市工商联筹委会组织工商界群众参加武汉市举行的支援抗美援朝两次大游行。

12月，中央政府号召青年学生和工人参加中国人民解放军军事干部学校，为军队培养和储备干部。作为武汉工商界领袖，贺衡夫首先带头响应号召，把自己的第二个孙子贺锡俭送去参加军校，贺锡俭只有16岁，正在武汉文华中学读高二。之前贺衡夫五哥正在读大学的长孙已参加了军校。转年贺衡夫第三个孙子贺锡恭也被军校录取，当时贺锡恭只有15岁，是上智中学初三学生，在南京工兵学校学习结业后分到云南河口部队，提升为少尉军官。几年后他从部队复员在云南安了家。复员时贺衡夫对他说："在国家需要的时候，你还要回部队去。"贺衡夫家门上挂了两块"光荣军属"之匾，街坊邻居都称赞道："这才是真正的爱国人士啊！"贺家三兄弟踊跃参军的事迹遂成武汉工商界的一段佳话。贺衡夫还在报纸发文电台讲话，表示支持青年参军。他说，他们将成为保家卫国的军人。我们一定要在后方好好工作，支援前线，增加生产。他的言行在工商界中引起很好的反响。筹委会副主任委员王际清也把在武汉大学读书的儿子王亚民送往抗美援朝战场。

1951年初，市工商联筹委会派出副主任委员秦育之作为湖北工商界代表参加"中国人民赴朝鲜慰问中国人民志愿军代表团"。5月，武汉市各界热烈欢迎中国人民志愿军归国代表团来汉。市工商联筹委会组织工商界群众参加欢迎大会，工商界群众听了中国人民志愿军英雄事迹的报告深受感动，当场捐献慰问金9.6亿元。此后，在全国慰劳中国人民志愿军和救济朝鲜难民的活动中，武汉市工商界捐献慰劳代金13.6亿元。

1950年贺衡夫的16岁孙子贺锡俭参加中国人民解放军军校

同年6月7日至13日，市工商联筹委会召开第二次扩大会议，决定在本年内为抗美援朝捐献30架飞机。在市各界爱国增产捐献武器委员会领导之下，武汉市工商联（筹）成立捐献办公室，下设市工商联分会和各区工商联支会、各业小组。在贺衡夫和筹委会委员的带领下，私营工商业者均慷慨解囊。至1951年10月25日中国人民志愿军赴朝作战一周年的时候，市工商联筹委会已提前完成了捐献任务，计缴款661亿元（旧币），折合战斗机44架（一说折合

43架），比原计划超额14架。

1950年朝鲜战
争爆发后市工
商联筹备会组
织会员以生产
劳动支援抗美
援朝

1951年武汉工商界庆祝国庆游行时打出的
捐赠43架飞机横幅标语

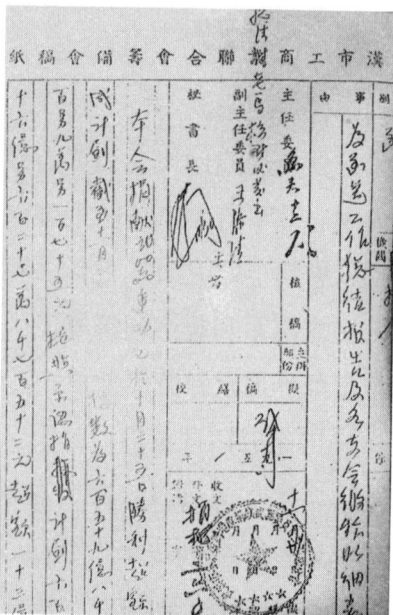

在抗美援朝运动中武汉市工商联
筹委会组织会员捐款661亿元（旧
币）所呈报告书

响应"商业转工业"号召

武汉过去是个消费城市、转运码头。解放后，党号召商业转向工业。贺衡夫与王际清、秦育之等市工商联筹委会领导工商界积极贯彻落实。

因棉花业资金较多，首先在棉花棉纱业同业公会启动。其间，王际清出力最多。他时任市工商联筹委会副主任委员兼棉花棉纱业同业公会主任委员，组织大会小会和分头联系，要求会员响应党的号召，取得较好的效果。棉花业会员黄少山、林厚周、高干卿、毛炎松等开设了武汉第一家"商转工"企业——开明油厂（今武汉油厂），继而秦育之、何祥林、鲁文礼等开设了新亚造纸厂，答容川、答列卿、朱复再、杨懋卿等开设了久安药厂（后改为武汉制药厂），万华卿、袁伯先等开设了益群造纸厂。接着，棉布业的徐雪轩转到武汉制线厂，糖盐海味业的姚茂青转到武汉火柴厂，五金业的胡秉璋转到武汉油毡厂，银行业的曹国钧转到联华钉子拉丝厂，等等。这些商界人物都是武汉私营商业转向工业的先行事例，也为武汉由消费城市走向工业城市贡献了力量。

当时在工商界有些商家钱少人多，自己转工业能力不够，同别人联合，又不受欢迎，这样资方和职工就会惶惶不安。在党和政府领导下，市工商联筹委会组织了公私合营"建业投资公司"，华煜卿任总经理，王际清任副总经理。经过努力的工作，在短暂的时间里就把这些资金不足商家的资金和职工全部吸收进来转到工业上。建业投资公司给武汉化工原料厂（前身是汉昌化工厂）投资20万元，给江汉印刷厂投资5万元，增加了设备，发展了生产，安排了吸收进来的资方和职工。建业投资公司还自己经营建筑和粮食业务，王际清分管粮食业务。建业投资公司又向武汉10家面粉厂投资5万元，并有王一鸣、赵厚甫、陈泉记等投资2.2万元，这样把摇摇欲坠的10家面粉厂联合起来组织了"建新公司"，王际清兼该公司经理。在党的领导和职工的支持下，这种协助工作起了一定作用，使工厂转危为安，扭亏为盈。建新公司建立不久，汉正街的第六面粉厂因停电闸门未关，以致引起火灾。经过王际清等人的努力，该面粉厂修建厂房，安装设备，迅速恢复生产，使工人重新有了工作。后来建新公司在华清街的第二面粉厂的收入，就可供给全公司的开支，其他厂的收入也有所盈余。建新公司以后又全部代粮食局加工粮食，创造了"八一"面粉的新成绩，做到公私两利，受到市粮食局的表扬，对武汉市的面粉供应做出很大的贡献。

　　1951年10月24日，中国人民政治协商会议第一届全国委员会第三次会议在北京召开。贺衡夫与好友卢作孚一道作为列席的社会人士参加。此次会议列席的社会人士只有21人。卢作孚是重庆市合川人，中国著名爱国实业家、教育家、社会活动家、农村社会工作先驱。1925年创办的民生实业股份公司是民国时期民族资本中规模最大的航运组织，也是最有影响的民营企业集团之一。在这次政协会议之前，毛泽东曾对黄炎培说："在中国近代历史上，有四个人是我们万万不可忘记的。他们是搞重工业的张之洞，搞纺织工业的张謇，搞交通运输业的卢作孚，搞化学工业的范旭东。"

　　会议期间，在中南海怀仁堂古色古香的大厅内，卢作孚和贺衡夫倾心交谈。交谈中，贺衡夫心中产生了一种神圣的感觉，他一个卖油郎出身的商人今天坐在全国政协委员的议政会场，来商讨国家大事、人民的前途大计，自己的责任多么重大。他对卢作孚说："只有今天我才看到海清河晏，我们的祖国才从此走向繁荣富强。我要更加努力学习和工作，为国家建设贡献毕生力量。"突然，会场里爆发出热烈的掌声，大家的目光都转向敞开的大门，毛主席、周总理和其他国家领导人健步来到会场，接见列席会议的代表。当毛主席走到贺衡夫前面时，握住贺的手说说："我久闻你的名字，今天才见到你本人，希望你协助政府把商业尽快地转到工业上来，为国家多做些贡献。"贺衡夫连连点头，表示一定不辜负主席的重托。回到武汉后，贺衡夫向工商界人士传达了会议精神，与大家一起分享他参加会议的感受，对党和政府更加充满感激之情。

　　1952年初，时任中南军政委员会委员、湖北省政府主席兼武汉市市长的李先念写信给贺衡夫，说目前政府部门用房紧张，能否将"怡庐"公馆借用给司法局办公（后改为司法局长住所、员工宿舍）。贺衡夫当即表示同意。随后，他全家搬出"怡庐"，在没有自家其他空房的情况下，他用高价在咸安坊里租住一栋楼。几年后，由于付不起高额房租，全家又多次搬家，最后将原租给外人的德兴里房子收回自住。此处房子原有5间，"文革"前后又被江岸区税务局和街道借占4间，只留下一间15平方米的朝西朝北的房屋，直到他去世时仍住在这里。

至于贺衡夫爽快地答应李先念腾出怡庐公馆的原因，早年据汉口市商会的一位资深的工作人员说，李先念为湖北黄安（今红安）人，解放战争时期与贺衡夫就有一些联系。在中国人民解放军进入战略反攻阶段，李先念任晋冀鲁豫野战军副司令员，率部队从山西南下，抵达河南光山一带，同刘邓大军胜利会师。之后，党中央又任命他为中原军区第二副司令员，参与刘邓大军重建大别山根据地和淮海战役后勤保障工作。当时部队钱粮缺乏，李先念曾派人与时任商会理事长的贺衡夫联系，通过商会筹集到大批粮食和钱款，并辗转送往部队。另据贺衡夫亲属回忆，在土改时期，工作队曾经要把贺夫人的娘家当成斗争对象，没收财产，贺夫人家人拿出李先念部队借钱粮的条子，才免于此难。如果把前后这些事件对应起来看，早在解放战争时期贺衡夫就已经为中国共产党及中国人民解放事业做出了贡献。

"五反"运动蒙冤

遭诬告身陷囹圄

1951年12月1日，中共中央作出《关于实行精兵简政、增产节约、反对贪污、反对浪费、反对官僚主义的决定》。从此，全国规模的"三反"运动正式开始。1952年1月26日，中共中央又发出《关于在城市中限期展开大规模的坚决的彻底的"五反"斗争的指示》，对违法的资产阶级开展反对行贿、反对偷税漏税、反对盗窃国家资财、反对偷工减料和反对盗窃经济情报的斗争。至此，一场全国各地、各阶层参加的"三反""五反"运动在全国范围内轰轰烈烈地展开。"三反"运动实质上是党在执政条件下，反对资产阶级的腐蚀，清洗旧社会遗留下来的污毒，纯洁领导部门，保持共产党员和国家干部廉洁的严肃斗争。"五反"运动是新政权建立之后首次发动的针对资本主义工商业者的政治运动，开展范围之广、执行力度之大，均为此前所罕见。

武汉市的"五反"运动是与"三反"运动结合进行的，自1952年2月初开始到6月中旬基本结束，经历了检举、斗争、补税、定案等阶段。武汉工商联在此时期虽还处在筹备阶段，但也参与其中，对于领导成员或者会员在运动之中的表现，也加以考查与评定。有认为不合要求的，则予以重点"关照"，或是撤除其职务。1952年3月，武汉市工商联筹委会经议决撤销了陈焕章所担任的副主委职务，所请由市工商局批准，原因是陈焕章在"五反"运动中拖延抗拒，隐匿财物、拖欠物款，应予以撤职严办。筹委会常委兼副秘书长杨笛楼，在"五反"中与人订立攻守同盟，拒不坦白从前被本会停职反省又为法院传讯的历史，被撤职处分。在党内，同期受到党纪国法惩治的还有武汉市市长吴德峰、市委副书记谢邦治、副市长易吉光等。后由李先念兼任武汉市委书记、武汉市长。

运动很快就波及贺衡夫身上。具体领导全市"五反"运动的市反贪污联合检查委员会发动店员、工人迅速开展斗争，贺衡夫的同行业资本家及行内职工中有人举报贺衡夫盗窃国家财产、贩卖毒品、走私巨额黄金等问题。其来势汹汹，贺衡夫毫无招架之力和辩解机会。1952年3月下旬，武汉市工商联筹委会召开扩大坦白检举大会，到会人数300余人。大会向全市揭露贺衡夫"大盗窃集团"的问题，主要罪行是"贺衡夫披着人民政府委员、人民代表的外衣，暗中组织并领导大规模的盗窃集团，进行隐匿大宗敌产；派遣坐探深入政府机关，勾结和贿赂政府工作人员，盗窃经济情报，盗窃大量国家财产；贩卖大宗毒品；盗窃巨额黄金出口；并在反贪污、反盗窃运动中拒不坦白，又阻止该盗窃集团中其他犯罪分子坦白。"大会最后通过罢免贺衡夫武汉市工商联筹委会主任委员的职务，并请求中南军政委员会、武汉市人民政府撤销贺衡夫在政府机关的一切职务，并予以逮捕法办。其间，时任武汉市副市长的陈经畲代表市长对贺衡夫几次规劝，要求他坦白悔过。张执一部长代表中南军政委员会副主席邓子恢对贺衡夫也进行劝导，让他争取从宽处理。但因其罪证均属检举人单方述词，未经核实，他"坚持错误"，"坚持抵抗"，"不肯认罪"。于是，不到半个月的时间，即4月4日，中央人民政府政务院第131次会议通过命令："撤销大盗窃犯贺衡夫在政府中的一切职务，并逮捕法办。"该命令的摘要如下：

> 中南军政委员会委员、中南财政经济委员会委员兼武汉市人民政府委员贺衡夫，组织并领导大规模的盗窃集团，进行隐匿大宗敌产；派遣坐探钻入政府机关，勾结和贿赂政府工作人员，盗窃国家经济情报，盗窃大量国家财产；贩卖大宗毒品；盗运巨额黄金出口；并在反贪污、反盗窃运动中拒不坦白，又阻止该盗窃集团中其他犯罪分子坦白。为此应即撤销大盗窃犯贺衡夫在政府中的一切职务，并予以逮捕法办。除已报经毛主席批准外，特此令知。

> 一九五二年四月四日

1952年4月5日中南军政委员会举行第76次行政会议，一致拥护政务院命令，通过决议，"撤销大盗窃犯贺衡夫在政府中的一切职务并予逮捕法办"。4月6日下午3时，最高人民法院中南分院将贺衡夫逮捕归案。

1952年4月7日《人民日报》《光明日报》以及4月9日《长江日报》都在醒目位置刊登了政务院的命令。4月10日《长江日报》、4月14日《人民日报》《光明日报》都以大篇幅报道了贺衡夫已被逮捕归案的消息。紧接着，中央级其他报纸及各省的主要报纸也纷纷转载上述命令和消息并表态拥护。此事震动了全国工商界及武汉各社会阶层民众。一时间，贺衡夫成为武汉地区"五反"运动中最大最严重的"罪犯"。

1952年4月7日的《人民日报》刊登的揭发贺衡夫危害国家的罪行一文

4月10日《长江日报》刊登贺衡夫已被逮捕法办的报道

贺衡夫入狱后，工作组去家里让他的夫人揭发贺衡夫的罪行。他的夫人天天以泪洗面，终于经不起这沉重打击和折磨，在家自缢身亡。她是一位笃信佛教、性格柔弱、本本分分的小脚妇女，未经风雨，与贺衡夫是结发夫妻，结婚40多年中两人感情颇深。贺衡夫虽为大资本家，但洁身自好，不纳妾、不玩女人，这在旧社会的富豪中是少有的。贺衡夫直到出狱后才得知夫人自杀的消息，悲痛万分。

贺衡夫夫人俞航提女士

运动期间，武汉市还在中山公园举办揭批贺衡夫"五毒"罪行展览，展出其走私的毒品、黄金和枪支等，全市市民均有组织地去观看，连贺衡夫孙子们所在的中小学也组织学生前去受教育。据展览讲解介绍，这些赃物都是店员、工人从贺衡夫家中抄出来的。但据贺衡夫家的用人说并没有看见从贺家搬出这些东西，而后据知情人透露，展出的黄金是从某银行借出来的。

纠错案无罪获释

1953年6月，贺衡夫在拘留审查14个月后，经司法机关查清事实，宣告其无罪释放。这是一起"五反"中典型的冤假错案。其实，早在贺衡夫被捕后，就有人对此案提出疑问，也反映到李先念同志那里。中央文献出版社2002

年出版的《李先念建国初期文稿选集（1949年7月—1954年5月）》中有一篇文章《正确对待和处理"三反"、"五反"中出现的问题》，这是李先念在1952年5月1日写给时任中共武汉市委常委、武汉市人民政府副市长王任重等人并转时任中共中央中南局代理书记邓子恢、时任中南局第一副书记谭政和李雪峰的一封信。信中说道：

> 至于说有些同志谈"五反"过"左"，就我所知，只是少数同志感觉贺衡夫[注]一案悬殊过大。即令有些意见，我认为观点是好的。他们是从党的政治影响出发，怕弄得过于悬殊，落不下案，使我们站不住脚。为了避免资产阶级及社会人士感觉我们不实事求是，因此提出过疑问，并已当面告诉王任重同志。前天在邓老家里汇报时，也是如此精神。只要我们以接近实际的精神来解决问题，就可以向社会人士解释清楚。

在这篇文章的篇后注中，对"贺衡夫"的注释是：

> 贺衡夫是武汉市经营油行的资本家，解放前做了一些有益于人民的工作，解放后曾担任过中南军政委员会委员、中南财经委员会委员、武汉市人民政府委员和武汉市工商联合委员会筹备会主任等职。"五反"开始后，一些同行业资本家和自己内部职工揭发他盗骗国家财产和走私贩毒。武汉市工商联合委员会筹备会未经核实，即宣布他是盗

骗集团头目，中南军政委员会于一九五二年四月五日通过决议，报政务院撤销贺衡夫的一切职务，并立即予以逮捕。后来武汉市委发现此案不实，于一九五三年四月初作了实事求是的处理。

40多年后的1995年，源清所写的回忆李先念的文章《一曲美好的统战之歌——建国初期武汉统战工作纪实》中有如下记述：

> 1952年春，中南局和中南军政委员会任命湖北省委书记、省政府主席李先念兼任武汉市委书记、市人民政府市长。此时武汉市正在开展"三反"、"五反"运动（"三反"即反贪污、反浪费、反官僚主义。"五反"即反对行贿、反对偷税漏税、反对盗窃国家财产、反对偷工减料、反对盗窃国家经济情报）。李先念来武汉就职时，十分重视对运动中出现的问题处理。他对分管运动的同志说："我们党的政策一贯强调实事求是，任何人都不能以感情代替党的干部政策和统战政策，否则就会给党的事业带来损失。"当"三反"、"五反"运动向纵深发展时，李先念又找到有关同志说："运动正在逐步深入，更需认真地按政策办事，不能把猫说成虎，也不能把芝麻说成西瓜。是猫就是猫，是虎就是虎。是芝麻就是芝麻，是西瓜就是西瓜，这叫做实事求是。"

4月初的一天，有人向李先念报告，说在"五反"运动中，抓到了市工商联一个负责人，他是个大奸商、大盗窃犯，是一个大盗窃集团的组织者和领导者。李先念听了之后，便问："你说的这个大奸商是谁？"

"市工商联筹委会的主任委员某某某。"

"关起来没有？"

"已经关起来了。"

第二天，李先念特地调看这个"大奸商"的有关资料。案卷里写着这个"大奸商"利用民主人士的身份和在人民政府的地位作掩护，亲自组织和指挥大盗窃集团肆无忌惮地大规模盗窃国家资产、盗窃国家经济情报以及进行黄金、毒品、战略物资等走私活动……。李先念细心地审阅了案卷中的检举揭发材料。他想看看这个人的交代材料，可是案卷里没有。他掩卷沉思，分析检举揭发材料有多少真实性和可靠性。

李先念晓得，这位已被关押起来的工商联筹委会主任在武汉工商界和民主人士中是举足轻重、颇有影响的人物，如果不慎重处理，出现差错，伤害一个，就会失掉一片，那么党的统战政策就会受到损害，这么想来，他觉得此案事关重大，必须找有关同志认真谈谈。

运动进入定案追赃阶段，李先念把有关同志请到他的办公室来，先详细地了解运动情况，然后告诫办案人员，定案追赃必须严格执行政策，方能做到稳、准、狠打击真正的不法奸商。他要求办案人员注重调查研究，重证据，不要轻信口供，不要看到检举揭发材料，就匆忙下结论，要一件件落实、核准。最后他强调说："定案，要确凿的人证、物证、旁证和作案的时间、地点为依据。这是一项十分细致又极其严肃的工作。我们要务为做到不冤枉一个好人，不放掉一个真正的犯罪分子。"

同志们明白，李先念找他们谈话，这一切，既是对人民负责又是对党负责。谈话结束之后，他们回去层层开会传达，认真执行。对已捕立案审理的不法奸商逐个进行复查定案处理，使真正的犯罪分子受到了法律制裁，发现搞错了的及时纠正。那个工商联筹委会主任，经认真复查，并不是什么大奸商，当即予以改正。

在运动行将结束之时，李先念又再次过问已被捕的那个工商联筹委会主任的案情。当办案人员告诉他经仔细复查，实属搞错了，已纠正时，李先念满意地说："错了就改正，改了就好。我们从爱护和关心工商界、民主人士出发，认真做好工作，实际上是贯彻执行党的统战政策，做好了，党的事业就兴旺发达。"

——摘自《武汉春秋》1995.2.第29—31页

2015年6月《炎黄春秋》副总编徐庆全在他所记录的《杜润生访谈录——包产到户提出过程中的高层争论》中，在谈到李先念同志实事求是，能"错了就改"时，也举了李先念改正"贺横（衡）夫冤假错案"的事例。今引录如下：

　　杜润生（国务院农委副主任，时任中南局秘书长）：先念同志是红军第四方面军领导人之一。我和他相处是在中南地区期间，他任湖北省委书记、省长，一度兼任武汉市市长。在"三反"、"五反"运动中，我帮助邓子恢搞些具体工作。武汉市"三反"中搞出贺横（衡）夫大案，贺自己承认运集桐油出口，不但偷税，而且掺假以水充油，使国家损失无法计算。贺是中南军政委员会委员，过去和我地下党有联系。原地下党一位同志向我反映，此案不实。我着手调查，确实存在逼供事实。旋即向李汇报，他立即派人调查，证实水油不相溶，掺水于油是不可能的，而偷漏税也莫须有。他摸摸脑袋说：我们受骗了。从而举一反三，纠正了不少冤案。他敢于实事求是，敢于纠错，用人放手，南下干部对他多有尊敬赞赏之声。来北京后，我找他解决农村出现的一些难题，他无不尽可能予以解决。

　　这一错案的平反纠正在湖北和港台的民族资本家中产生了良好影响。他们从这一活生生的事

实中感受到，共产党对团结民族资产阶级的政策
是真诚的，始终不渝的，今后要为祖国的建设事
业多作贡献。

邓子恢时任中南军政委员会副主席，2006年人民出版
社出版的《邓子恢传》第十四章"开辟中南新天地"中他
对贺衡夫案也讲了当时的真实情况。书中写道：

　　这时，也是3月21日，武汉市工商联合委员会
筹备会开大会，向全市揭露了贺衡夫"大盗窃集
团"的问题。贺衡夫是武汉市经营油行的资本家，
解放前做了一些有益于人民的工作，解放后担任中
南军政委员会委员、中南财经委员会委员、武汉
市人民政府委员和武汉市工商联合委员会筹备会主
任。"五反"开始后，表现还好。不久一些同行业
资本家和自己行内职工揭发他盗骗国家财产，走私
贩毒，武汉市工商联合委员会筹备会未经核实，就
开大会宣布他是盗骗集团头目，并要求逮捕法办。
邓子恢对这个案子慎之又慎，拖了时日，一是了解
一下案情，一是做些规劝工作。他请武汉市副市长
陈经畬（工商业者）多次去规劝，还派中南军政委
员会秘书长张执一代表他去做工作。因为和事实不
符，贺当然不服。武汉市领导和群众有点不耐烦
了。考虑到再拖下去影响不好，邓子恢于4月5日主
持召开中南军政委员会行政会议，通过决议，报政

务院撤销贺衡夫在人民政府的一切职务，并立即予以逮捕法办。后来，武汉市委领导人发现此案案情不实，于1953年4月初做了改正。此时，邓子恢虽已离开中南到中央工作，但他一直主张复查。他以负疚的心情在后来写的《自传》中有这样一段话："对资本家的五毒有些案件，如贺衡夫的盗骗、贩毒案，事后审查也是夸大的，后来虽释放，但影响是不好的。此案经我审查过，我也负有一部分责任。"

（此份自传原件保存在福建省档案馆）

以上所引各书和杂志中的文章已清楚地说明了五反运动中贺衡夫冤案的真实情况。我们党尊重历史，实事求是，有错必纠，公正终有回归。

晚年生活

　　贺衡夫出狱后，第一件事就是带着儿女贺蔼文、贺芥荪、贺荷荪回到老家蒲潭乡，给结发的妻子祭扫坟墓。回武汉后他与大儿子一家仍住在条件很差的德兴里几间房子里，终生未再结婚。他对儿孙们说，尽管他受到这么大的冤枉，他还是崇拜共产党、拥护共产党，因为他感受到在党的领导下，祖国一天天强盛起来，中国人民再也不用受帝国主义的奴役和欺凌了。尤其是他看到孙辈在党的培养教育下逐渐成长起来，心中感到欣慰。

　　1954年他被吸收进中国民主建国会，积极参加民建组织的各项活动。1956年任武汉市第一商业局顾问。工资定为100元，在当时也算是比较高的。因已年近70岁，每天半天工作，半天在家。但他对工作仍抱有热情。据孙辈回忆，有一次家里给他订了一家饭店过生日，正值这天他

贺衡夫俞航提伉俪

外出，全家等他回来吃饭，等了很久，才见他高高兴兴地赶来，风尘仆仆，一脚泥巴，原来他这天陪着领导下乡视察工作去了。

1956年初，全国范围出现社会主义改造高潮，资本主义工商业实现了全行业公私合营。贺衡夫家经营的乾昌贸易公司以及其他私营合股企业也全都公私合营了。借给公家的"怡庐"房产也因无力修缮而上交，公家只给他家人很少的补助费。汉阳油库抵给国营企业，也给了一笔资金，全部发给油库的8名职工用作安置费。贺的两个儿子贺芥荪、贺荷荪进入湖北省土特产进出口公司工作。国家对资本主义私股实行"定息制度"，统一规定年息五厘。贺家孙辈人数较多，有这些定息补贴家用，也解决一些生活费用问题。

关于定息的用处，贺家人往往还要说到一件事情。贺衡夫在"五反"运动的"退税""罚款"时，被迫要交一大笔罚款，家里已把所有钱财都交出了，仍不够数。此时有一个武汉籍资本家从香港回来，未与贺家的人接触，自己打听到这个情况，出于对贺的敬佩和同情，回香港后就把不足的罚款寄到武汉代贺缴纳了，而且声明不要贺衡夫返还。贺衡夫出狱后，知道这件事，非常感动，每年在取到定息时都要留下一些钱还给这位工商界人士。贺衡夫自己生活十分节俭，一直是买烟叶卷烟抽，而始终不忘还友人的这笔钱。贺的孙子贺锡敬至今清楚地记得，有一年的春节，他陪爷爷一起去这位工商界人士的家中拜年并送去股息，这位人士一再推却，他爷爷执意要求其留下，说这只是表示一点心意，远远不够还他的钱款。至1966年"文革"开始，定息也就取消了。

60年代初，武汉市政协成立文史资料征集委员会，号召民主人士写历史回忆文章。贺衡夫本人或与武汉市文史研究馆长梁绍栋合作，写了多篇文章，如《汉口水电事业的由来和演变》《"九一八"后"国联调查团"约我谈话的回忆》《我所知道的侯道人》等，为武汉文史研究留下了珍贵的资料。

"文化大革命"刚开始时，贺衡夫家也遭到红卫兵学生的抄家，来了一屋子"小将"把贺衡夫及长子长媳三位老人赶到堂屋中，把家中的绝大部分用品连同家具都拿走了。但是红卫兵并没有打这三位老人，也没有给贺衡夫戴高帽游街。后来才知道，红卫兵来时，他们的上级有交代，说贺衡夫在武汉很有名气，不要对他动武。

从"五反"一直到"文革"，衡夫经历了各项政治运动的考验，证明他是拥护党、拥护社会主义的爱国工商业者。

1968年1月1日，贺衡夫逝世于武汉市职工医院，享年80岁。他在弥留之际嘱其子女们："我死后丧事一切从简。以后你们要勤奋努力，做好本职工作，为社会主义事业尽到应尽的责任。"

尾 声

　　1978年12月13日，邓小平同志在中央工作会议闭幕会上的讲话中说：“这次会议，解决了一些过去遗留下来的问题，分清了一些人的功过，纠正了一批重大的冤案、错案、假案。这是解放思想的需要，也是安定团结的需要。目的正是为了向前看，正是为了顺利实现全党工作重心的转变。”平反冤假错案，处理历史遗留问题，以及党的各项政策的调整和落实，正确地处理人民内部的一系列矛盾，确实有效地调动了社会各个阶层人员的积极性，对促进社会的安全团结，巩固和发展爱国统一战线，顺利实现全党工作重心转移，起了重要作用。

　　从1979年2月起，中共湖北省委认真执行中央的统战政策和侨务政策，解决历史遗留问题。全省平反归侨、侨眷在历次政治运动中冤假错案1 700余件，退还被挤占的华侨私房1 205户，计211 830平方米。纠正在历次政治运动中受到不公正对待的统战对象及其家属111 841人的问题。其中，著名爱国人士贺衡夫、耿伯剑、马哲民和民族资本家程子菊、鲁寿安等的问题都得到了妥善处理。

　　在贺衡夫去世13年后的1981年9月1日，中共武汉市委机关报《长江日报》补登了一则《讣告》，对贺衡夫一生作出公正的评价，也是对他最后落实政策给出的结论。

贺衡夫先生因病逝世

本报讯　原武汉市一商业局顾问贺衡夫先生，因病于一九六八年元月一日在汉口逝世，终年八十一岁。

全国解放后，贺衡夫先生基于爱国热忱，响应中国共产党的号召，毅然从香港回到内地，曾任中南军政委员会委员，中南财经委员会委员，武汉市第三、四届人民代表，武汉市人民政府委员，武汉市财经委员会委员，武汉市第一、二届人民政协委员，武汉市工商联主任委员。贺衡夫先生是爱国的民族工商业者。二十年来，在中国

贺衡夫先生因病逝世

本报讯　原武汉市一商业局顾问贺衡夫先生，因病于一九六八年元月一日在汉口逝世，终年八十一岁。

全国解放后，贺衡夫先生基于爱国热忱，响应中国共产党的号召，毅然从香港回到内地，曾任中南军政委员会委员，中南财经委员会委员，武汉市第三、四届人民代表，武汉市人民政府委员，武汉市财经委员会委员，武汉市第一、二届政协委员，武汉市工商联主任委员。贺衡夫先生是爱国的民族工商业者。二十年来，在中国共产党的领导和教育下，努力学习。在社会主义革命和社会主义建设中作出了有益的贡献。

1981年9月1日《长江日报》补登的贺衡夫病逝的《讣告》

尾声

共产党的领导和教育下，努力学习，在社会主义革命和社会主义建设中做出了有益的贡献。

这份补登的讣告也是在告慰贺衡夫的在天之灵。

接着，武汉市委统战部落实了党的清退"文革"查抄物资政策。1984年3月，市文物清退小组从"文革"查抄的文物中清理出一批有"贺衡夫"署名的名人字画共46件77张。这批书画均系近代书画家的作品，如爱国将领冯玉祥书赠的对联等。市文物清退小组人员主动找到贺衡夫的子女家中，通知他们认领。贺衡夫大儿子贺芥荪、女儿贺蔼文及其二儿媳王远华等当即表示，愿意无偿献给国家。他们说："这批字画是家父留下的，献给国家比我们留着更有用处。"他们的爱国思想和行动受到有关部门的赞扬，市文物处发给了他们奖状。《长江日报》记者吴军于1984年3月30日以《愿将"家宝"化"国宝"》为题对此事做了报道。全文如下：

愿将"家宝"化"国宝"
贺芥荪等把父亲遗留的文物捐献给国家

本报讯 原市工商联筹委会主委贺衡夫之子女贺芥荪、贺蔼文和儿媳王远华等，将市文物清退小组清理的属于其父的一批文物——近代名人书画作品，无偿捐献给文物部门。

市文物清退小组最近从"文革"查抄文物

中，清理出一批署名"衡夫"的名人字画，共四十六件、七十七张，均系近代书画家的作品，如爱国将领冯玉祥书赠的对联等。虽然贺衡夫早已去世，其子女也不曾向有关部门提出申报，但为了落实党的清退"文革"查抄物资政策，市文物清退小组人员主动找到贺衡夫的子女家中，通知其认领。贺芥荪、贺蔼文、王远华等当即表示，愿无偿献给国家。他们说："这批字画是家父留下的，献给国家比我们留着更有用处。"他们的爱国思想和行动受到有关部门的赞扬，市文物处发给了他们奖状。

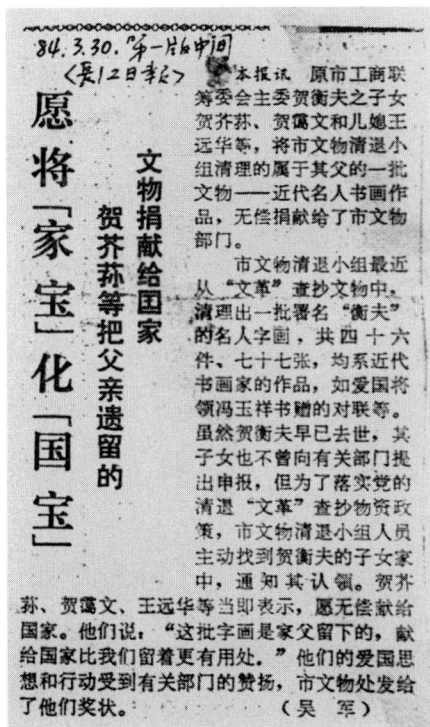

1984年3月30日记者吴军报道文章登载在《长江日报》上

贺衡夫有一女、二子，均已过世。如今贺衡夫家族的子孙后代有100多人，分布在祖国各地。贺衡夫的直系孙子有20多人，但他们之中没有一个经商的，大多数都在新中国时期受过高等教育，毕业后从事科技工作、医疗卫生和人民教师职业，在各自的工作岗位上都努力工作，业绩卓著。贺的二孙子贺锡俭是武汉市第九届政协委员会委员、市民主建国会副主席。家风是一个家庭精神层面的"传家宝"。贺衡夫生前用自己的一言一行感染着家人，将爱国、善良、诚实、守信、敬业、奋斗、创新、进取的思想和行为带进家庭，成为家庭中生生不息、薪火相传的永恒精神。

贺衡夫及夫人墓地（今蔡甸区扁担山陵园）

附录：贺衡夫撰写的回忆录

汉口水电事业的由来和演变

贺衡夫　梁绍栋

　　武汉的水电事业，是从汉口有了租界以后开始的。

　　清咸丰十一年（1861年），汉口开辟了英租界。不久便由英国商人集资创立了"汉口电灯公司"，地址在英租界的界限路（即现在合作路供电局修试工厂），专供英租界内用电。1896年开辟的法、俄两个租界的用电，亦由其供给。在德租界，有德商"美最时洋行"（即现在一元路市卫生局）附设的电厂；日租界内，则有日商在三元里附近创设的"汉口电灯厂"，各自供电。"华界"内迄无电流供应。

　　这时，帝国主义的经济势力随着租界的建立而大肆渗入武汉市场。依附外资外商以及勾结官府的买办、富商，亦极活跃；加以电灯、自来水是直接关系到人们日常生活的新兴事物，既为广大人民所期望，又受热心"洋务"的封疆大吏——湖广总督张之洞的重视。显而易见有大利可图，因而各国洋商竞相揽办，买办、巨商亦纷纷趋争。在1898-1899年间，曾有欧阳萼、邹步贤、王庭祯等先后三次分别向张之洞申请创办水电企业，均因"查无真实股本，不过影射洋股，希图渔利"，而被批驳。另有张鼎坤、汪明源等联名请办，虽经张之洞批准，后又因查得"并无华股，全是指借洋股"，予以停办。上述二例，可以概见当时张之洞认为"事关中国主权"，不准外商染指的一番用心。以致多年之间筹议累累，均未实现。

一、既济水电公司创始时期

旅汉宁波商人宋炜臣，19世纪末期即在汉口开设华盛呢绒军装皮件号和燮昌火柴厂，资金较为雄厚。与清廷高级军官张彪（统制）、黎元洪（协统）过从甚密。并曾以巨金捐得候补道官衔，被张之洞视为"有为之士"，成了当时武汉的"实业家"之一。当宋炜臣体察到张之洞拒绝外资办水电的意图之后，便邀集王予坊、朱佩珍、叶璋、万拗伯、蒋鸿林、朱士彬、丁维藩、叶世濂、蔡绍荣、胡敞等浙江、湖北、江西三帮十余名巨商，于1906年6月在华盛号内设立筹备处，联名呈请筹办"汉口既济公司"，当即得到张之洞批准。批示的原文是：

> 查自来水、电气灯两项，弭灾卫生，关系紧要。唯大利所在，迭经各国洋商恳请揽办，本部堂以事关中国主权，概行谢绝未允。其华商出面而暗附外股，希冀蒙允者，亦经本部堂查明，一概驳斥。且查水电两事，必须一商兼办，利益多方。兹据该职商等具禀创办汉口既

济公司，在上海筹资100万元，在汉口招股50万元，另由汉口商民附股150万元，共300万元，具禀呈核前来。查该商等资本素称殷实，办事已著成效，所称集股情形，当不至别滋流弊，应即准其承办。惟此举前经本部堂谕饬该商等，由官提倡，应即筹拨官款30万元作为股东，一律办理。至专利一节，上年九月准商部咨，凡有关振兴商业、挽回权利之举，创办公司准予专利者，须指定地方并咨部核定情形，分别办理。该公司所请，除租界外，不得另设电气灯、煤油气灯、自来水公司一节，其专办地方应指汉口而言，汉阳、武昌均不能包括在内。其专利年限，应俟商部章程施行，再行宽订年限。如所请，由本部堂委派大员一员总司该公司弹压、保护、稽查三项事务，其用人理财诸事，官官不干涉，以清权限。月结年总出入款目，应详报本部堂，以期周知商务盈绌，地方衰旺。

宋炜臣在获得批准承办之后，为了助长声势，扩大征股，又罗致了徐之荣、周鲁、张赓飏、赵凤昌、李坚、黄显章、朱文学等7人为发起人，取"水火既济"含义，正式定名为"商办汉镇既济水电股份有限公司"，由宋炜臣任经理，原"美最时洋行"买办王予坊为协理。因王在宋炜臣发起组织水电公司以前，曾有利利用外资、由他出面承办水电的计划，因与张之洞拒纳外资的主张不合，终未实现，只好以不多的投资与宋炜臣合作。

公司开创时，全部股本为300万元（每股10元，计30万股）。其中包括有湖北省官钱局认股30万元，这是按照张之洞批示的官款，但仍作为一般股东投资，并无特权规定;仅由督署派来"会办"一人协助工作。因而初创的既济水电公司尚可称为官方支持的"商办企业"。

水电两厂建成以后，因全部工程设备耗费400余万元，超过原集资总额甚多，业务难以开展，于是公司决定增股200万元。由于当时社会金融呆滞，仅募得股金46.5万余元，无济于事;乃经宋炜臣向日本东方兴业公司借款30万元，连同原股本凑500万元。所借日款，为3年限期，并规定了五项附加条件：（一）各种水电机器、部件和零件，均须向日方购买，除日方不能供给或不生产者，始可向其他国家采购；（二）水电二厂所用燃煤，均应向日本采购（当时日本已侵占我国抚顺煤矿）；（三）工程技术部门，须聘2名日籍工程师负责；（四）财会部门，须聘日籍会计人员核算；（五）专设日本账目一套，便于日方稽核。因此，借款成立之后，即有日籍工程师原口、钱木2人参加进来；并接受日方要求，由公司付款敷设通往日租界的输水管道，对汉口所有的租界供给自来水。从此，既济水电公司即无形中受到了日本人的干预和牵制。

汉口既济水电公司地址在英租界一码头太平路（即现在江汉路武仅市供电局营业处）。水、电工厂，是英籍工程师穆尔氏设计，于1906年8月同时兴工。电厂在大王庙襄河边（即今利济路河边），占地580英方，机器设备仅有500千瓦直流发电机3部，施工2年，于1908年建成送电。水厂在硚口襄河岸边韩家墩宗关，占地15 557英方；另在后城马路（即中山大道）修建水塔1座，于1909年7月开始送水，出水量为每24小时500万加仑。

二、辛亥革命后的变化

1911年辛亥革命爆发，起义军与清军曾在汉口激战，互相炮轰，尤其清军败退时大肆纵火，市区房屋大量被毁。不仅水电营业因此收入锐减，水电输送设备损失即达70万元以上，致使水电公司的经营陷于困境。延至1916年，市场经济逐渐好转，水电营业亦有所进展。公司为了扩充设备，改发交流电，仍由宋炜臣向日商东方兴业公司续借100万元，添置了2 300伏500千瓦三相交流发电机1部及斯特林水管锅炉两座，作为远距区域供电之用。次年，又投置了装有两部115匹马力浑水泵的马达船，解决了压气起水机容量过小的问题。

从这以后，直到1926年的这段时间里，随着政治形势的演变，既济水电公司在人事、经济和设备、业务等方面，有过这样一些变化：1922年，万拯伯接替了宋炜臣的经理职务。这时，由地方巨富组织的楚兴公司，由于在欧战中获得暴利，急需谋求余资出路，便由该公司徐荣廷出面，"慨然"借给既济水电公司白银100万两，偿清了日商东方兴业公司的全部借款，从而摆脱了日本人对水电公司的羁绊。不料事过不久，楚兴公司提出将这笔借款作为股本投资，意图攫取公司权尔被公司股东会拒绝。公司并乘当时市场金融比较活跃，向各钱庄借贷，而将楚兴公司的债款偿清。为此，楚兴公司的徐荣廷等将以前购得的10余万元水电公司股票愤而抛售，以示报复。这样一来，对水电公司反而起到了促进作用：第一是使公司从此排除了外债；其次是原楚兴公司人员参加水电公司工作，加强了经营管理的力量。因而到1925年由吕超伯任经理时，企业状况比较兴旺，颇有盈利，成为水电公司历史上的最盛时期。

在机器装备和技术设施方面，这段时期也有较大的发展。水厂从1923年起，先后增加了130匹和172匹马力的浑水泵各2部；添设马达船1只，装195匹马力浑水泵2部；还添设了直流清水马达泵2部，容水870万加仑的大定水池3座；增设22 000英尺长30英寸口径的输水钢管1条，保证了夏季每日700万加仑用水的供量。

电厂设备于1919年由直流改为交流。装置了1 300伏1 500千瓦奇异三相交流机2部及大型拔柏葛锅炉2座、500千瓦变电机2部；并将原有直流发电机所发之直流变为交流，与新机并列使用。配电方式则采用单相三线式，使煤耗大大降低。之后，又于1921年添置奇异1 500千瓦交流机1部；1923年市场需电量激增，又向瑞士卜郎比厂订购3 000千瓦三相交流机2部，向英国克拉克厂订购蒸发量每小时3万磅的水管锅护1部，向奇异厂订购2 300伏至6 600伏250开维爱的单相升高变压器6具，作为输供水厂电流之用，并在电厂与水厂及水塔之间敷设6 600伏输电线路各两路，其中水塔两路完全采用地下电缆，又在电厂、水厂、水塔3处各建变电房一所。至1924年，又添置2 300伏至6 600伏开维爱的单相升高变压器12具及同比三相一具，于

1925年装成输电，使部分电压升高。1926年又加装了一部克拉克锅炉。这时5部电机总容量为10 500千瓦，满足全市用电有余。

三、北伐军抵达武汉后的十年

1926年秋，国共合作的国民革命军北伐军抵达武汉。这时，在武汉国民政府任财政部长的宋子文便开始利用权势，对既济水电公司插手。先是以一道命令，派财政部次长张肇元负责，对既济水电公司进行"整理"，由11人组成了一个"整理筹备委员会"。1927年春，由"筹委会"召开股东会议，将宋子文的老同学刘少岩（原名刘秉义，浙江人，是宋子文早年在上海圣约翰大学的同学，这时是汉口慎昌洋行买办）"推选"为既济水电公司经理。不久后，国共分裂，桂系军阀窃据武汉，又以"武汉政治分会"名义派员整理，迫使刘少岩去职。1929年蒋介石的"西征军"进入武汉，赶走了桂系势力。在南京国民政府财政部长宋子文的支持下，刘少岩卷土重来，再当经理。

刘少岩二度当上水电公司经理之后，一面极力勾结国民党在武汉军政首脑和官方银行，一面为宋子文积极地暗中效劳。1934年前后，刘少岩一再借口债务难偿、公司濒于破产，建议董事会邀请中国建设银公司投资，解救公司危机。这个"中国建设银公司"，是宋子文当了南京国民政府财政部长之后，勾结江浙财阀组成的中国大财团之一，凭借其权势先后收买了官办的首都电厂和戚墅堰电厂，合并改为"扬子电气股份有限公司"。宋子文企图垄断中国的电气事业，早有夺取汉口既济水电公司的阴谋。

刘少岩出于他与宋子文的依附关系，里应外合，美其名是为了"缓和公司处境"，实则是为宋子文的掠取开路。

水电公司股东会迫于当时经济困窘，只好接受刘少岩建议，并将公司应值市价7 000万元股本，折旧计算，压为4 000万元，于1935年推派湖北籍董事长汪书城为代表，到上海与中国建设银公司商洽投资问题。在宋子文等权势的压力下，竟将公司原股本加上历年应付未付而存在账面上的股息合并折为762万元，又借口股票市价贬值，再按对折，终于使原股本猛降为381万元。于是中国建设银公司便以李馥荪、周宗良、宋子安等10户名义，认定投资350万元，加上他们在市上以廉价收购的既济公司股票。总数达到公司全部股票的2/3。其实，中国建设银公司的所谓投资，仅有50万元，是由周宗良（即周重光，上海德孚洋行买办）单独承担的，其余的300万元，则是以"偷梁换柱"手法，将官僚资本的中国、交通、中南、浙江实业等几家银行对水电公司的放款转账，化债为股，并无现金投资。

宋子文财团渗入既济水电公司之后，于1937年6月对公司进行正式改组，由宋子文兼任董事长，李馥荪（原任浙江实业银行总经理）任总经理。许多大官僚如孙科（国民政府立法院长）、张静江（国民政府委员）、何成濬（湖北绥靖公署主任）以及宋子文的弟弟宋子安（国货银行董事长）和汉口几家官僚资本银行的经理赵仲宣（中国）、浦心雅（交通）、胡笔江（中南）等都成了董事或常务董事。至于负实际责任的经理职位，宋子文原意仍以刘少岩继续担任，后因应付湖北籍股东的反刘情绪，改由中国建设银公司派了一名代理人潘铭新来汉，继刘少岩为经理。所谓"商办"的既济水电公司从此成了以豪门宋子文为主体的官僚资本企业。至于早期的一般股东，除了持有一张股票而外，对于公司的所作所为，一概无权过问。所有的股票持有者，亦从未分得一次红利；甚至连票面规定的股息，也没有得到分文，只能逐年将股息收在账面上，有个记载而已。

在1927—1936年的10年中，公司水电机械和技术设施上曾有这样一些变化：制水方面，修建每日100万加仑的快性沙滤池4座及溶矾池1座；1929年添设每日100万加仑的快性沙滤池4座及305匹马力的交流马达清水泵1部；1930年增设355匹马力的清水泵1部。至1933年，再添置马达船1只，上装195匹马力浑水泵2部、直流清水马达泵2部。1934年加建混凝土沉淀池2座、加矾机3部、加气机1部。

发电方面，1928年将原有440及200伏单相三线低压配电线路改为380及220伏三相器线式；1933年，在大王庙另建新屋，装置从英国购回6 000千瓦交流机1部、拔柏葛新式水管锅炉3座，使电厂总容量增为16 500千瓦。

截至1937年抗日战争爆发前夕，既济水电公司的业务区域，除了自来水供应汉口全市以外，供电方面由于日商汉口电灯厂和德商美最时洋行附设电厂及英商汉口电灯公司仍一直分别为日、法租界和特一区（旧德租界）、特二区（旧俄租界）、特区（旧英租界）送电，所以既济水电公司的供电范围，仍在原来的"华界"以内。

四、武汉沦陷期间

1937年改组后的既济水电公司，曾有在汉口刘家庙另建新电厂的计划，不久即因七七事变发生而作罢。1938年6月，日本侵略军扑向武汉，公司即开始疏散职工，将重要文件运往香港；接着于8月间与英商汉口电灯公司签订契约，准备在武汉沦陷后，将公司全盘委托该公司代管。9月底，武汉外围告警，情势危急，随即组成"拆迁委员会"，经过24天，将6 000千瓦新发电机及1座锅炉和变压器等全部器材，计重1 800吨运往四川。同年10月，武汉沦陷，既济水电公司被日军强占。11月初，英商汉口电灯公司向日本侵略军提出履行代管既济水电公司的契约，遭到日方拒绝。从此公司和水、电二厂、水塔等置于日本"军管理"之下达7年之久，原来的公司职工亦被迫退出。这时的既济水电公司，在汉口仅有一个由钱仲超（原任公司协理）负责的"留守委员会"的名义存在，根本没有任何权利。

至于拆迁运后方的大量机械器材，6 000千瓦发电机组于1939年10月运到重庆后，被国民政府资源委员会强行收买，作为建立"宜宾电厂"之用；其他器材，亦由资源委员会和经济部分配给其有关工厂去了。

五、从抗战胜利到武汉解放

1945年日本投降后，在一片"复原"声中，经国民政府经济部策划，由"四联总处"（中央、中国、交通、农民四个官方银行的联合管理机构）通过官方银行借给既济水电公司"复原"费1亿元，并由经济部湘鄂赣区（驻汉口）特派员李景潞指派原公司工程师孙保基为接收委员，会同原在汉口的"留守委员会"主任钱仲超，于1945年9

月21日起，从日本"军管理"手中将公司、工厂一一接收；同时以"代管"方式接收了英商汉口电灯公司。而原有的日商汉口电灯厂和德商美最时洋行附设电厂，均已于1944年被美国飞机炸毁。从此以后，汉口的水电供应，全由既济水电公司独家经营，并供给汉阳方面的一部分用电。

1946年5月，随着国民党"劫收"任务的逐渐收场，经济部驻武汉特派员办公处将水电公司、工厂及所有设备全部发还，仍由"商办汉口既济水电公司"继续经营管理，并于同年10月正式接管了英商汉口电灯公司。

抗日战争胜利后的既济水电公司，由1946年直到1949年武汉解放，经过了两次走过场式的改组、改选活动，实质上始终掌握在宋子文豪门集团手中。李馥荪仍任董事长，潘铭新任总经理，孙保基（兼总工程师）、钱仲超为协理。另有宋子文、钱新之、何成濬、贺衡夫4名常务董事。很明显，李、宋、钱、潘全是宋子文豪门集团的代理人，而何成濬则是湖北地方军政势力的总代表，贺衡夫也因在汉口商界有些影响而被罗致，为豪门企业装饰门面，并为其笼络部分商人和蒙骗人民视听而已。

这段时期的水电两厂，由于曾被日本军国主义长期侵占，加之市内多次大火和美机轰炸，损坏严重；而在豪门资本的把持下，除了对水厂进行一番检修、装置了一座1 800千瓦变周机供水厂原有60周波同期马达应用外，修复了两部1 500千瓦发电机，添置了2 000千瓦和2 500千瓦发电机各1部。截至1948年10月，连同原英商汉口电灯公司的3 750千瓦直流发电机在内，全部发电量为18 250千瓦。

1949年5月，武汉解放前夕，水电公司的广大爱国职工，在中共地下组织的领导和支持下，对豪门资本的代理人以及国民党妄图拆迁破坏的阴谋，展开了护厂保产的革命斗争，终于使这个曾被帝国主义和豪门官僚长期侵占、把持的既济水电公司回到了人民怀抱，成了为武汉工农业生产和人民生活服务的公用企业。

（本文由徐怨宇根据贺衡夫遗稿和梁绍栋1962年所写资料，于1981年4月整理。梁绍栋系武汉市文史研究馆馆长）

"九一八"后国联调查团约我谈话的回忆

贺衡夫（作者时任汉口市商会主席）

九一八事变发生以后，南京政府在"不抵抗"政策指导之下，将这一严重的受残害、被侵略的事件，诉之于国际联盟，妄想借国际上的干涉，来遏制日本节节进逼的侵略野心。通过外交途径的一再呼吁，"国联"才于1932年组织了以李顿爵士（英籍）为团长的"国联调查团"来华进行实地调查。

当国联调查团的团长、团员及随团工作人员由南京乘英商怡和公司的轮船西上到汉口时，下榻于汉口德明饭店。那时外交部派员陪同该团到各地进行调查的有外交代表顾维钧博士。该团在留汉调查期间，曾分别约见了旅汉的日本侨民代表，其他各国旅汉的各界侨民代表和我国的武权各界代表人士。那时我适逢担任汉口总商会主席职务，因此，当该团约我们工商界代表前往交谈时，事先我们经过一番考虑安排，除了我和周星棠等（记得还有一二人记不清是谁）那时都是总商会的负责人，为当然的代表外，并特邀福中公司（经营桐油出口生意）经理徐维荣为市总商会的代表，一同前往。我们作如此的安排，系因徐维荣会英语，有他一同前往，有助于我们了解在不同语言交谈的真实情况。集齐前往，先由顾维钧博士接见，介绍了一下"国联调查团"来华的任务是为实地调查日本侵略我国真相，该团约我们交谈，是为听取你们工商界的意见，你们有什么说什么，尽量地把你们汉口工商界的意见表达出来。顾维钧博士对我们讲上述的一些大意的话时那时的湖北省政府主席何成濬也在座。

随后我们会见了李顿爵士，谈话的时间，约莫有几十分钟，谈话的内容，我们在交谈之后，记得曾作了一个谈话记录稿，复写出来送了一份给何成濬，这个记录稿，手中早已无存，现时隔30年，回忆当时在交谈中的一问一答，谈得很多，因年老健忘，只能回忆出几点大意。

由于"国联调查团"到达汉口，是来自京沪，它每到一地，必向侨居中国的日本商民和日本领事馆进行调查访问，有侵略野心的日本帝国主义者，蓄意颠倒是非，歪曲真相，把中国人民激于爱国热忱，反抗侵略，张贴的爱国宣传的红绿纸标语，预先撕下藏起来，拿在"国联调查团"面前，说成是中国人的反日运动，所以李顿开始和我们谈话时，心中就先有这个因素。他一开始就问："你们工商界对'九一八'事件有什么意见？"

"'九一八'事件，是你们贴红绿纸标语，宣传'反对日本帝国主义'、'对日经济绝交'等等惹起来的。"

"你们中国与日本订有通商条约，为什么又违约抵制日货呢？"

我们当时的答话，现在凭我个人的回忆，大意为下面几点："日本利用欧洲大战的机会以扶植军阀袁世凯做皇帝为条件，诱迫他签订密约'二十一条'来奴役中国，我们怎么不起来反对它。

"我们的国民政府，为了肃清军阀割据的局面，誓师北伐，统一中国，而日本军竟然在济南制造惨案，阻止我们的国民革命军北伐，我们怎么能不反对它。

"东三省是中国的领土，已经统一在国民政府领导之下，日本为了实行'田中奏折'侵略中国的阴谋，制造地方事端，借故由北大营出兵侵占沈阳，随即扩大侵略，侵占了我们的东三省，我们工商界当然是和全国民众一样的万分愤慨。

"我们做生意的人是讲和气的，对我们中国人是这样，对外国的商人也是这样，但是日本人平时在往来贸易上，往往恃势压迫占便宜，我们为了通商忍受了。现在这样地侵占我国领土，欺负我们，已到了忍无可忍的时候，怎么还能同它通商呢？我们抵制日货，这是很自然的。"

上述的这点回忆，虽然不够详尽，但是从"国联调查团"来华进行实地调查来说，这是外交史上一个重大事件。我有义务把它回忆记录下来留供历史学家的参考。

［1963年10月黄子恕记录整理，选自政协武汉市委员会文史学习委员会编：《武汉文史资料文库》（工商卷），1999年］

我所知道的侯道人

贺衡夫

现在我讲一讲侯道人（按：侯道人，名永德，襄阳人），是为了说明在抗战期间我被伪装善人所迷惑，险入歧途的情况。

谈起侯道人来，三十年前在武汉可说是大名鼎鼎，妇孺皆知。熟识他的人都尊称为"侯当家"，这由于他是武汉最大道院"长春观"的"当家"。

我认识侯道人大约是民国十年（1921年）之谱。在旧时代一部分人迷信敬神不分什么佛教、道教，遇有法事、道场，常被邀去参加礼佛拜道。我便在这样的场合里认识了侯道人。

武昌长春观在侯道人当家期间，将观内建筑作了一些修缮和扩建，层楼高阁，参差错落，巨殿宏宇，壮丽辉煌。

侯道人在长春观内办过多年的送诊施药，聘请内、外、妇、幼各科中医及药剂人员共十余人，病人只需顺序取号，分科就诊，照单取药，概不收费。据说每日有几百人前往就诊，给武昌城乡贫苦病人，确乎行了一些方便。他还在岁末寒冬及灾难年头，送寒衣，办粥厂，并施送板棺，设立义地、坟山等慈善事业自用。

有一年湖北大旱，武汉近郊更是久不得雨。侯道人为了求神降雨，好多天沐浴斋戒，三更半夜起身，从长春观步行到卓刀泉，在泉井中汲水一大杯，双手捧着由卓刀泉步行到汉阳门江边，路程往返三十余华里。卓刀泉到马路又有一段山坡小路，曲折起伏，武昌城外的马路年久失修，路基的大块蛮石露在外面，陷下的地面则是大坑小坳。侯道人屏声静气，如履坦途，又要使杯中泉水不溢点滴，一路不稍停歇，直到江边朝天叩拜，口中念念有词，然后，把泉水倾入江中，表示以水引水，乞天降雨。他这个杯水求雨的特行奇事，就骗得人们对他的看法，说他是一位虔诚笃实的道长——却不料他干出下面一件事来：

当1938年10月中，武汉沦陷前夕，武汉人士纷纷后撤，转到四川，正巧是我决定乘机入川的一天，侯道人清早来我家照常寒暄几句后问我：

"您家要离开武汉到四川吗？"我答："对的，已经准备好了，就差动身。"他接着说："我看您家走不走没关系。走呢，道路遥远，舟车劳顿，向来蜀道难行，到了四川，又是怎样局面，难以捉摸；不走还省些麻烦。留在武汉，以后经营商业反正是一样，我看你还是不走为好。还有些人希望你家不走，要我带口信请你不走，请你将来出面维持商务哩！"

我听到最后两句，深觉诧异！暗想：近时以来军政各界一再开会动员人们向后方转进，各界还草拟必须撤走人员名单，以免留在武汉被敌利用。而商界名单我曾参加草拟，我动员别人走，当然自己也要走，现在才奇怪了，怎么反有人要我不走呢？我就问："您家给谁带信要我不走？"他凑近我的身边，低声说："何佩瑢请您家不走。"这一来我更惊奇了，我说："何佩瑢是应该走的人，听说他已走了，他真没走？在哪里？他为什么要我不走？我决定是要走的。"他又低声说"何佩瑢还在武汉自有处所，他亲自对我说的，请您不走，将来要借重您维持市面商务，我的看法是您家还是一动不如一静，以后做生意总还是一样"。我兀自忖度：不走是要做顺民，遭受亡国奴的侮辱，心实不甘，要我维持商务与汉奸同流合污，一失足变成千古恨事，遗臭万年。便回答拒绝："我不能留下，决心到四川，不问后果。"——那时怎就有政治觉悟，更谈不到政治警惕把这件事予以告密或检举，同仇敌忾。还天真地关怀他说："侯当家，你老人家逍遥世外，莫管那些人的闲事，悠然自在，该是多么好呢！"他听了点头微笑，知我决心入川，不能挽转，支吾数语后告辞而去。我亦于是日乘机飞渝。

1940年我由香港转沪，何佩瑢时任汪伪组织的湖北省长，他来上海知道我来了，即偕其伪湖北省建设厅长宋怀远到我寓所来访，何对我说："您跑到后方真是冤枉跑一趟，两年前我叫侯道人拜望你请你不走，你却走了，现在我还是请你回湖北去，鄂人治鄂。"我当时量时度势，免其生疑，满口答应，并佯称："即行摒挡一切，不日回鄂"，当晚即乘外洋轮船离沪回港。

何佩瑢的访谈将侯道人拉我下水当汉奸的企图给印证确实了，及今忆及，心有余悸。

抗战胜利后我由川返汉，听说涂拔臣、杨辉廷、李鼎安都由侯道入的引线而做汉奸的，可惜侯道人那时已死，未受国法制裁。

孔子说："以貌取人失之子羽"。子羽是"貌恶而行贤"，侯道人恰是相反 "貌贤而行恶"，在办理慈善事业上是沽名钓誉，在宗教外衣的隐蔽下干的是可耻的汉奸勾当。

［1963年5月22日，严吉支记录整理个，市两会供稿，选自政协武汉市委员会文史学习委员会编：《武汉文史资料文库》（人物卷），1999年］

参考文献

皮明庥：《武汉近百年史》（1840—1949），华中工学院出版社，1985年

何成濬：《何成濬将军战时日记》，台北：传记文学出版社，1986年

武汉民政志编纂办公室：《武汉民政》（志稿）（1840—1985），1987年

《武汉金融志》编写委员会办公室编：《武汉银行史料》，1987年

武汉市政协文史资料委员会编：《武汉人物选录》，1988年

杨蒲林、皮明庥主编：《武汉城市发展轨迹——武汉城市史专论集》，天津市社会科学院出版社，1990年

皮明庥、欧阳植梁主编：《武汉史稿》，中国文史出版社，1992年

肖志华、严昌洪主编：《武汉掌故》，武汉出版社，1994年

《邓子恢传》编辑委员会：《邓子恢传》，人民出版

社，1996.7

政协武汉市委员会文史学习委员会编：《武汉文史资料文库》（1-8卷），武汉出版社，1999年

中国人民政治协商会议湖北省委员会文史资料委员会编：《湖北文史集粹》（1-6卷），湖北人民出版社，1999年

中共武汉市委党史研究室著：《中国共产党武汉史》（1919—1949），湖北人民出版社，1999年

皮明麻、吴勇主编：《汉口五百年》，湖北教育出版社，1999年

吴绪成主编：《历史珍档——湖北省档案馆特藏档案集粹》，湖北教育出版社

武汉地方志编纂委员会：《武汉市志》（1-28卷），武汉大学出版社，1990—2000年

湖北省地方志编纂委员会：《湖北省志》（1-37卷），湖北人民出版社，1990—2002年

李先念：《李先念建国初期文稿选集》（1949年7月-1954年5月），中央文献出版社，2002年

武汉地方志编纂委员会编：《武汉抗战史料》，武汉出版社，2007年

武汉图书馆：《民国夏口县志校注》（上、下），武汉出版社，2010年

中共湖北省委党史研究室编著：《建国初期湖北的"三反""五反"运动，湖北人民出版社，2010年

武汉市政协文史学习委员会，彭小华：《品读武汉工商名人》，武汉出版社，2011年

人民日报.1954.4

光明日报.1954.3-4

长江日报.1950.1，1954.3-4

朱健：《领导干部应敢于认错纠错》，济南日报，2010.3.31第10版

湖北水灾善后委员会：《工赈专刊》，湖北档案馆藏，1934.6.11

华中局统一战线工作部：《军管时期的统战工作》，湖北档案馆藏，1949.8.25

陈羲伯：《武汉工商业巨子贺衡夫的一生》，武汉文史资料，1987年12月第四辑，P67-77

张善雯：《武汉工商界权威人物贺衡夫简介》，台北：湖北文献，1994，112期

倪凌云：《我所知道贺衡夫的几件事》，武汉春秋，1995年第2期，P22-23

仇华飞：《美国经济考察团来华与中美经济关系》，民国档案，2000（03）：58-64.

吴敏超：《1935年美国经济考察团访华与国内舆论》，广东社会科学，2007（06）：112-118

杜润生：《杜润生谈包产到户的高层争论》，炎黄春秋，2008.11

后记

过去大多数国人所知道的贺衡夫先生，是"五反运动"中被抓的反面典型。改革开放拨乱反正以后，人们逐渐知道了贺衡夫先生是近现代武汉工商界的一位杰出代表人物，是爱国的民族工商业者，是亲民的慈善家。他志存高远，实业救国，力赴国难；他成为商界领袖，为民谋福，功效卓著；他继承发扬汉商传统，仁义立身，务实趋新；他富而思源，立德为本，乐善好施；他追求进步，拥护中国共产党，投身新中国建设，在社会主义革命和社会主义建设中做出了有益的贡献。人们也更多地了解到贺衡夫先生的传奇人生和不幸的晚年际遇，令人不禁钦佩他的爱国精神，仰慕他的出身贫寒奋斗致富和以己之力恩惠众生的人格魅力，扼腕他的晚年蒙冤。

贺衡夫先生"五反"蒙冤一案，在第二年就已平反。在李先念同志的亲自过问之下，事实早已得到澄清，做出了公正的结论，本人得到平反昭雪。时至今日，尽管在武汉地区已公开出版的《湖北文史资料》《武汉文史资料》《湖北省志》《武汉市志》及一些历史人物传略书中，对贺衡夫先生的记载和注释，基本恢复了他真实的历史面目和历史地位，对他做出了正面的肯定和评价，但在某些资料和出版物中，仍然还有人以贺衡夫为"五反运动"的反面教材，这种不能全面研究历史、评价人物的做法是非常错误的。

2018年，是贺衡夫先生诞辰130周年暨逝世50周年。到目前为止，还没有独立成书的研究贺衡夫先生的专著。通过此书展现贺衡夫爱国爱民的工商界巨子形象，让更多的人了解和认识贺衡夫，学习他的可贵精神和品质，吸取历史教训，放眼美好未来，砥砺前行。这便是作者撰写本书的初衷。在此，谨以本书向贺衡夫先生致敬！向纪念贺衡夫先生诞辰130周年暨逝世50周年献礼！

本书作者以湖北省档案馆、武汉市档案馆的历史文献，公开出版的图书、报刊，网络资料，以及贺衡夫先生后人的口述回忆为写作依据，从中国近代历史发展的视角，较为详细、客观、全面记述了贺衡夫一生，撰文和选图都据事取材，奉实立言，力图为进一步研究武汉近代经济史和商会史提供一本有资料价值的参考书。

本书由华中师范大学中国近代史研究所教授、博士生导师、所长，湖北省社会科学界联合会主席马敏作序，由中国近现代史史料学会副会长、国家社会科学基金项目评审专家、"九一八"历史博物馆顾问、历史学教授王建学撰写前言。在编写过程中，武汉市工商联合会郭建安秘书长给予作者以热情的帮助，提供了由本会编辑出版的画册和相关材料，陪同作者两次参观本会正在筹办的即将面向社会开放的"大武汉商魂——武汉近代工商业发展简史"展览，使作者深受启发。在查阅档案方面，沈阳市档案馆原副馆长、沈阳市文史研究馆原馆长许光明先生给予作者以业务性指导和协助，使作者得益匪浅。武汉知名的修志专家倪凌云先生提供了他多年收集的大量相关历史资料，回忆了与贺衡夫和贺芥苏父子的交流往事，弥足珍贵。在此对上述人士一并深表感谢和敬意！

本书得到了以贺衡夫先生长孙贺锡勤先生等贺衡夫后人的支持，特别是贺锡勤张怀荫伉俪、贺丽雅何对燕伉俪、王家骏先生、贺锡俭夫人习敌女士、贺锡敬先生、贺锡仁先生、贺锡英郭建亮伉俪等给予了很大的帮助，在此深表感谢和敬意！

本书从武汉档案馆、湖北档案馆、武汉图书馆、湖北图书馆、首都图书馆、大连图书馆等查阅了不可多得的相关资料，在此对各馆工作人员深表谢意！

本书参考了大量的相关文献资料，在此谨向各位作者致以敬意！

张乃文先生、张骏先生参与了相关资料的搜集、文字处理及审校等工作，在此表示感谢！

由于作者水平有限，加之资料获得比较困难，对贺衡夫先生的事迹难免有把握不到位的地方，甚至存在遗漏和差错之处，敬请专家和读者不吝指教，提出宝贵意见！

作者

2018年3月20日